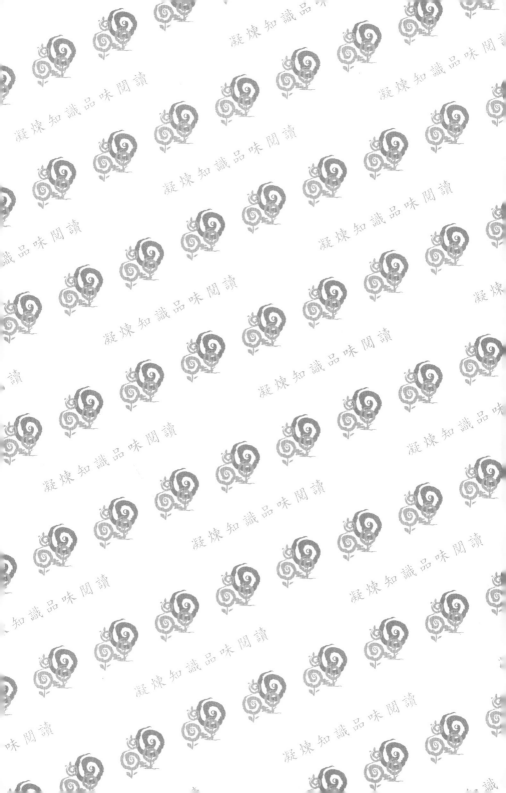

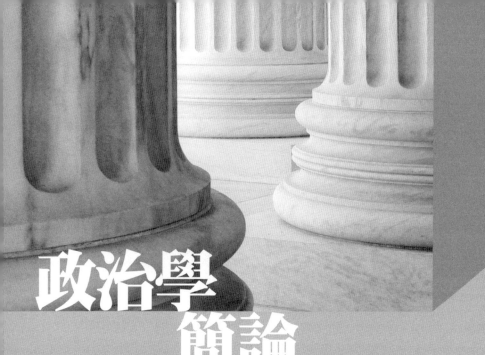

政治學
簡論

廖忠俊 **編著**
王業立 **審訂**

五南圖書出版公司 印行

　　我與忠俊君認識結緣於民國100年（2011），爲臺北市政府《續修臺北市志》（1981-2015）的審查會議上。

　　我擔任《政事志》〈政黨與社團篇〉審查委員，而忠俊君負責審查《政事志》〈自治與選舉篇〉。我們大約每半年（學期）開會一次，久而熟識之後，我倆互贈著作禮尚往來，他送我一冊「台灣研究」的書籍，而我回送《比較選舉制度》並題字署名紀念。

　　週前，忠俊君親自送來其新編著作《政治學簡論》請我審訂修潤並祈賜序言，我受其認眞勤學及誠懇心意感動，於閱讀全書之後，深感行文嚴謹扼要，文字簡潔流利，能深入淺出，在參考資料的臚列選用，尤其辛勞用心。

　　欣聞出版在即，乃樂於爲之序介。

國立台灣大學政治學系教授

2006-2007中國政治學會理事長

2013-2014台灣政治學會會長

目 錄

第一章

導言緒論

政治與生活

　　我們現代人的日常生活都難免直接或間接地會受到國家政府「政治」的管理統治，領導支配及決策影響。國父孫先生就曾用深入淺出的語句於民權主義第一講：「政就是眾人的事，治就是管理；管理眾人的事，便是政治」；簡易明瞭，大眾能解。

　　民國70年代，在政府解除戒嚴，開放黨禁、報禁，尤其在電視台從原有的台視、中視、華視三家，開放到近百家的繽紛爭鳴，特別是播放全民「頭家來開講」的政治評論call in, call out節目，台灣政治就演化像空氣、陽光和水一樣，成為國人茶餘飯後談論話題，人人朗朗上口，個個儼然似乎都成了能說善道的名嘴政論家。從最平常不過的食（柴米油鹽醬醋茶開門七件事）衣住行育樂而言，現代民眾的社會生活，一行一動幾乎不可能脫離「政治」，而與其息息相關密不可分，諸如：

　　食：民以食為天，「呷飯皇帝大」，食米雜糧，菜市場農產蔬果、禽畜魚類肉品，百貨公司、大賣場生鮮冷凍食品，自助餐店，小吃，速食外送，餐盒便當，麵包甜點，佳餚名菜美食，美酒咖啡，佳茗好茶等。

　　衣：穿著布料成衣，男女服裝、婚紗禮服、內衣睡衣、孕婦服裝、嬰幼童裝、帽子圍巾、提包鞋襪、名錶墨鏡、衣服縫製修改、乾洗水洗、運動球鞋、休閒服飾、穿著流行品牌（Armani, Burberry, Christian Dior, Channel, Gucci, Lancome, LV, Pierre Cardin, Prada等）。

　　住：租購住屋營建，採用建築材料、電梯升降、保全消防

設備、鑰匙配置、五金家電佈置、燈飾照明、寢具擺置、陽台採光、花樹園藝盆栽、廚房爐具瓦斯配線、衛浴用品設施、鏡台美容化粧、垃圾廚餘處理、資源回收、住屋附近便利超商超市、散步公園、存款領錢理財銀行金控等。

行：自用汽車、駕訓班，高鐵、台鐵、捷運，公車客運，貨運輸送，機車，電池自動車，YouBike，租車、計程車，加油站、郵局快捷快遞、電腦網路、手機通訊服務，公路遊覽車觀光旅遊，出國航空機場桃園捷運，港灣海運等。

育：生育（醫院診所、坐月子中心）；養育（牛奶副食品、營養衛生食品、中西醫院藥房）；選擇好環境與睦鄰，（里仁為美，孟母三遷）；教育（玩具店、托兒所、幼稚園，從小耳濡目染音樂、美術、繪畫，小學、中學、大學、研究所，文具用品影印設備，電視知識、教育娛樂節目等）。

樂：運動跑步散步，操場、公園、游泳池；音樂、美術、繪畫、圖書，電影戲劇嗜好樂趣，旅行遊覽，風景名勝古蹟，加入休閒娛樂團體，享受人生，怡然自得、健康快樂。

吾人又從國家政府部會機構的「政治」大事決策及外交國際關係來說，也可知顯見以下這些公共事務政策[1]，是與人民大眾的生活連結，極為密切，至為要緊。

總統府及行政院（府院）：中央政府憲政體制是要採行美式總統制或英式內閣制或法式綜合雙首長制？哪一種制度最好？是要採用增修條文（修憲）就好，還是要另行制定新憲（制憲）？有沒有或要不要遵行「九二共識」？一直以來眾說紛歧，爭辯不休。

　　內政部暨中選會：何種選舉制度及投票方式較優？選人（候選人）選黨或選政見主張？倘總統大選要採用「相對多數當選制」不一定過半而可能產生少數總統甚至與國會立法院不同黨，使得法案預算等難以推動；抑或採用「兩輪投票制」必須過半數而符合少數服從多數的民主原理並具代表性正當性；另外，治安打擊犯罪，都市更新計畫，營造建築，兩性平權，人口生育（質量並重與少子化問題），民政、戶政、役政、地政、警政（刑事交通消防）、入出國及移民、國家公園巡護等政策。

　　外交部暨僑委會：以中華民國名義返回聯合國或以台灣名義重新加入聯合國？務實外交休兵或到處點燃烽火外交？駐外使領館代表處掛名使用名稱，外交政策是否依憲法第141條尊重條約及聯合國憲章確保世界和平？是否配合1948年12月10日「世界人權宣言」全球普世人權？保護僑民權益，扶助其經濟事業發展，保障僑民之政治參與等政策。

　　國防部及退輔會：調高軍事預算經費比率，增購飛機、航艦、戰車等精密武器彈藥，以維護陸海空軍、政戰情報系統安全，增強防禦及攻擊能力，保衛國家安全及人民生命財產。（唯是否大力擴編經費，也引致排擠其他部會預算的緊縮少列？）採行徵兵或募兵？兵期服役多久（一年？四個月？）是否與外交部、陸委會等研究配合，有無可能更加入世界或區域性群體政經軍事組織，以確保國家安全無虞而不受侵略。尊重軍人對國家長期貢獻，照顧服務退役榮民暨眷屬生活等政策。

　　教育部：強化落實「大學自治」，減少政治介入干預，

研議高教質量學費，十二年國教、子女幼教、兩岸教育文化交流、青年輔導、出國體育競賽，大學合併與退場機制等政策。

司法院及法務部：研議普世人權爭議政策（死刑存廢，墮胎流產Pro-Life or Pro-Choice，同性婚姻，通姦（合意性交）除罪化，安樂死等）；司法院大法官的中立與減低政黨介入影響公正，調查肅貪廉政，戒毒更生保護，監獄看守所人權，檢察官、法官是否汰劣存優等政策機制。

經濟部及國家發展委員會：中油瓦斯、台電能源、中鋼、中船、台糖、台塩、台水等國營事業，水力火力及是否核能發電，河川水利資源保護，對外經濟國貿（如WTO），智慧財產權保護及扶助中小經濟企業等政策。

交通部：公路、台鐵、高鐵、捷運；海運、飛航的交通運輸安全便捷，桃園國際機場需要再編列預算經費建蓋第三航站，來疏解旺季入出國旅客擁擠情況？郵政（快捷快遞）電信服務，連續假期之高速公路收費，氣象報告精準以保護人民生命財產安全，觀光（局）旅遊飯店管理等與民眾生活關係密切之政策。

勞動部：勞動人力調查、發展，勞動就業工時，最低報酬薪資，勞工保險，職災安全維護，外勞進口等政策。

衛生福利部：食品安全公共衛生管理稽核，中西醫藥醫療保健，學生營養午餐安全衛生，家中年老體弱「長照」關護，身障殘廢弱勢團體之無障礙環境體貼照顧，自殺防治諮詢求救專線、SARS、腸病毒，等疾病疫情之檢驗監控，積極尋求管道加入世衛WHO等政策，以保障國人民眾獲致最高健康衛生

福利之水準。

文化部：客觀中立倡導補助文創，電影電視及流行音樂產業，台灣文學館，名勝古蹟維修保護等文化藝術，肯定多元發展，維護原住民、客家語言文化等政策。

財政部：所得稅、房屋稅、燃料稅等稅制、銀行金融監督控管、保險、證券期貨、人民存放款利率機動調整、菸酒公賣或民營化等政策。

科技部：推動國家「人文及社會」，「自然生物生命、科學」發展，國際技術合作，獎勵科技投資發展，加強管理科學園區政策（年輕人嚮往覓職，期盼也成為竹科新貴，實現全國平均所得最高夢想所在）。

農業部：農林畜牧技術研發，農產米糧蔬果供應不虞匱乏而價格平穩，不致哄抬，集水區管理加強水土保持及水產漁業與茶葉改良，農林動植物檢疫防疾，森林遊樂區經營與防火，農林航空測量等政策。

環保署：空氣與水質環保偵測，資源回收及再生，廢棄物處理，清除環境公害的申訴管道專線，如何平衡永續環保生態，而又追求國家經濟成長並顧之雙贏策略等。

陸委會暨海基會：妥當處理自由地區與大陸地區間人民權利義務關係及其他事務；如探親、旅遊、台商經營輔導保障，大陸人士來台觀光，陸生來台求學及我國教授學者前往大陸講學，文教交流之對應政策等。

考試院及行政院人事行政總處：「國」家「考」選人才，公務人力保障暨培訓發展，文官學院；銓敘軍、公、教保險，

退休撫卹及年金改革等政策。

　　總而言之，從以上吾人信手即可拈來之國民大眾食衣住行育樂「生活」平常小事到國家政府的大事「政治」決策，在在說明引證人民生活與國家政治深切聯結，息息相關密不可分。

　　所以，著名的政治學家Robert A. Dahl在他的名著《現代政治分析》（Modern Political Analysis）這本書第一章「何謂政治」（What is Politics?）開宗明義即說道：「不管一個人喜歡與否，實際上沒人能夠完全置身於某種政治體系之外．在一個國家、鄉鎮、學校、教會、公司、行號、工會、聯誼社、政黨、公民社團以及許多其他組織，每一位公民都會碰觸政治，政治是人類生活的無可避免事實。每個人都會身處涉入某種政治體系裡，在某段時間，以某種方式和政治聯結關係」。[2]也因此，古希臘政治哲學家亞里斯多德（Aristotle, 384-322 B.C.）在他的名著《政治學》（Politics），就流傳一句世人耳熟能詳的名言「人天生而為政治之動物」（Man is by nature a political animal.）；[3]意即在此。

註解

1. 呂亞力，《政治學》，頁261-262，〈國家政府各類公共政策〉。

2. Robert A. Dahl, "Modern Political Analysis", p. 1.

   whether a person like it or not, virtually no one is completely beyond the reach of some kind of political system. A citizen encounters politics in the government of a country, town, school, church, business firm, trade union, club, political party, civic association, and a host of other organizations. Politics is an unavoidable fact of human existence. Everyone is involved in some fashion at some time in some kind of political system.

3. 轉引自Andrew Heywood, Politics, p. 3.

第二章

政治與政治學

第一節　政治涵義與政治學研究領域範圍

一、何謂「政治」？

　　大多數的政治學者，對於政治的涵義，歸納起來，近乎認同以下五項界說：

（一）研究國家統治活動現象

　　美國早期政治學者James W. Garner說：「政治學是研究國家的基本條件要素、起源、種類等的一種社會科學，國家現象為構成政治學研究的主題。」[1]乃專注於國家政府體制，及其統治功能表現。

（二）政治是權力的形式與運作

　　美國政治學者拉斯威爾（Harold D. Lasswell）與卡普蘭（A. Kaplan）在《權力與社會》（Power and Society）書內，界說政治為「政治行動者完成了權力效果影響的事情。」亦即，政治著重於權力的形成與運作。Lasswell的政治學名著，《政治：誰得到什麼，何時，如何》（Politics: Who Get What, When, How）第一章〈社會菁英中堅〉即開宗明義：「政治是在研究權勢（influence）和權勢菁英人物（the influential）的一門學科。」權勢人物是指可取得最多利益（尊敬，權力，收入，財富，安全，威望，決策）；其餘者為龐大多數的群眾。[2]國際政治學權威，芝加哥大學教授摩根索（Han

J. Morgenthau）在他的鉅著《國際政治學》（Politics among Nations）書中，一再強調「國際政治就像一切政治一樣，其目的即在爭奪權力。」[3]

（三）政治是權威性的價值分配

當代美國最頂尖的政治學者之一，曾在1968年被選任爲美國政治學會（American Political Science Association）會長的大衛·伊斯頓（David Easton），著作等身，於其名著《政治生活的系統分析》（A Systems Analysis of Political Life）認爲政治爲社會做「權威性的價值分配」（the authoritative allocation of values for a society），這是政治學界廣爲流傳通行，認可引用最多定義界說。前引拉斯威爾的定義乃是強調「權力」在政治掌權者所扮演的影響力角色；而伊斯頓則在探討分析整個政治系統的需求支持（輸入inputs）並轉化形成爲決策行動（輸出outputs），且周而復始，不停地進行回饋（feedback）。其政治系統簡化模型如下：[4]

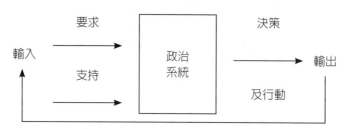

資料來源：David Easton, A System Analysis of Political Life, N. Y.: John Wiley &Sons, 1965, p. 32.

（四）政治在做衝突（conflict）的管理

人類社會的慾望需求，期盼滿足資源（名利、權位、財富、健康等）無盡，然則國家政府的資源價值有限；如何進行運用分配有限的資源利益給期望需要無限的民眾？在兩難之中，自然就會產生競爭利害衝突。

衝突分爲橫面衝突，如人與人，階級與階級，黨派利益團體，國家與國家的衝突，統獨意識型態，年金改革對立，省籍情結，宗教文明衝突等；又有縱向衝突，爲上級領導菁英有權勢者與下級未具權力的一般人民大眾，高高在上握有實權的統治者與底層在下毫無權位的被統治之間的衝突。

政治就是要針對社會人民的衝突矛盾，透過權力與分配進行整合，息紛止爭，發展和諧妥協，維持安定秩序。美國著名政治學者蘭尼（Austin Ranney）就說：「衝突出現發生於人類生活中，實乃自然常理」；他舉出美國人在墮胎流產正反兩方面（pro-life side and pro-choice side）的衝突實例[5]。

（五）政治在做公共行政事務決策

亞里斯多德的城邦（polis-city state）管理及國父孫先生所言「政治是管理眾人的事」；可知人類社會及國家政府的重大功能之一，即是在公共領域事務上，運用權力，於衝突整合中作權威性的價值分配；亦即，透過優劣分析，集思廣益，深思熟慮而採取行動策略，作爲公共決策（public policy decision-making）。所以蘭尼說：「政治是做成政府決策的過

程」（politics is the process of making government policies）；
公共決策著名學者Thomas R. Dye在他的名著《瞭解公共政
策》（Understanding Public Policy）開宗名義即言：「公共
決策乃政府之作為或不作為，它關注涉及政府做了什麼？他
們為何而做？以及它造成的差別互異為何？」（public policy
is whatever government choose to do or not to do, it is concerned
with what governments do , why they do it, and what difference it
makes.）[6]

二、政治學研究領域範圍

　　1948年聯合國教科文組織（UNESCO）於巴黎召開國際
性的政治學會議，創立了「國際政治學會」（International
Political Science Association, IPSA），世界各國的政治學者菁
英在會議中，經過熱烈討論研商，在1948年9月27日決議後，
獲得同意「政治學」有以下四個最主要範圍（scope）領域
（fields）：

　　（一）政治理論（political theory）及思想史；（二）
憲法，中央與地方政府，比較政治制度；（三）政黨，政治
團體及輿論（parties, political groups and public opinion）；
（四）國際關係（international relations），國際政治與國際
組織等。亦即，每一個主要範圍又分成許多不同的次級領域
（subfields）。[7]

　　其後，另有一些政治學者，認為政治學的領域範圍，還可
擴及公共行政、公共政策、政治史學、政治心理學、政治社會

學、政治人類學、政治統計學、政治文化、政治發展、政治學方法論、比較政府與政治等。

　　隨著全球政治學研究的發展演進，時至今日，政治學研究之領域範圍，大致分為：

（一）政治理論與哲學思想

　　1.政治學方法論；2.憲政體制；3.政黨政治；4.西洋政治思想史；5.中國政治思想史：從傳統到現代，含括國父孫先生主義思想（The thought of Sun-yat-sen, Sunyatsenism, Sunology）等。

（二）國際關係

　　1.國際政治理論（國際體系，權力均衡，依賴，互賴，帝國主義，決策，博弈，談判，嚇阻理論等）；2.各國外交政策（美國、中共、俄羅斯、歐盟、日本、印度、中華民國台灣等）；3.國際組織；4.國際政治經濟學；5.台海情勢兩岸關係等。

（三）公共行政

　　1.行政學；2.公共政策；3.組織理論與行為；4.人事行政；5.財務行政；6.行政法等。

（四）比較政府與政治

　　1.比較政治理論；2.區域研究（中國大陸研究、歐美研

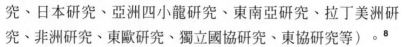

究、日本研究、亞洲四小龍研究、東南亞研究、拉丁美洲研究、非洲研究、東歐研究、獨立國協研究、東協研究等）。[8]

總而言之，政治學的研究範圍與領域，子題分門別類，可說五花八門，琳瑯滿目，劃分繁多；然而生命有時窮，學海卻無涯，筆者稟於長久經年累月對政治學領域之興趣及研究，不揣淺陋，僅「量才適性」，依志趣之所在，「選優擇菁」來編撰此書，祈請先進學者、師長，垂察鑒諒為禱。

第二節　政治學的演進發展

一、西方政治學的演進發展

西方人的政治思想理念，自古典時代的希臘即源遠流長，到了中世紀及近代，歐洲各國政治思想家輩出，政治學說的研究更加發揚；及十九世紀末期至今，政治學的演進蓬勃發展，尤其在美國的興起強大後，成就世界最先進的超級強國與學術領域大國，政治學的演進發展主導著全球，對世界各國的政治學，影響極深入廣泛而久遠。

在十九世紀中葉之前的政治學，看重政治哲學，大多著名的政治學者也兼備有哲學思想家的特質角色，比如自古希臘時期的柏拉圖，亞里斯多德，至中世近代的馬基亞維利、布丹、霍布斯、洛克、孟德斯鳩、盧梭、柏克、約翰彌勒等。

柏拉圖（Plato, 427-347 B.C.）：主要政治學著作《理想國》（Republic），強調國家政治之正義道德，主張推崇哲人

政治家。

　　亞里斯多德（Aristotle, 384-322 B. C.）：為柏拉圖弟子，亞歷山大大帝（Alexander the Great, 356-323 B. C.）教師，主要著作為《政治學》（Politics），書中一句名言「人天生而為政治之動物」（man is by nature a political animal），流傳千古，強調城邦（polis）國家的道德公平與正義，被推尊為「西方政治學始祖」。

　　馬基亞維利（Machiavelli, 1469-1527）：為近世義大利政治學之現實主義者，他把政治學從宗教，道德分離解脫出來，使政治學研究更具獨立性質，被稱為「近世政治學之父」。其名著《君王論》（The Prince），強調法治、權勢武力、霸術等，來成就君主統治，而君主要具備有如獅子的剛猛，以防禦四周的政敵陷阱，又要具有狐狸的生性狡猾，來抵抗侵襲的強狼對手。

　　布丹（Jean Bodin,1530-1596）：法國政治思想家，他最主要的政治學著作為《論共和國家六卷》（Six Books on Republic），主張國家政治必要有至高無上而絕對永久的「主權」（sovereignty），使人民服從於此權力之下以維持國家秩序，認為主權乃國家之條件要素及主要特徵。

　　霍布斯（Thomas Hobbes, 1588-1679）：英國政治思想家，主要著作《巨靈》（Leviathan,引自聖經中鯨魚，恐龍巨怪，代表強大的國家）認為人民與國家政府訂立社會契約，讓君王來維持治理秩序並維護人民的生命財產，提供善盡一個強大而良好的國家政治。

洛克（John Locke, 1632-1704）：英國政治思想家，其政治思想代表作，爲《政府論兩篇》（Two Treatises of Government），主張立憲政治，主權在民，政府的權力建構來自被統治者人民的同意，崇尙天賦人權，主張民主政治，人民的生命財產爲自然權利，國家政府必須保障，不能剝奪；美國的〈獨立宣言〉與憲法及我國憲法第二章與第十二章，有關人民的自由權利，都深受其政治理念的影響。

孟德斯鳩（Montesquieu, 1689-1755）：法國政治思想家，他流傳最久，享譽最隆的名著《法意》（The Spirit of Law），主張國家政府的政治制度，應將行政，立法，司法「三權分立」，彼此相互制衡（Checks and Balances），因一人專制獨享權力（如古代皇帝君王，既是行政首長；又有立法權，朕即天下，朕就是法律；更具司法權，可以鏟除異己，抄家滅族），必定濫用權力，而權力使人腐化，絕對的權力，使人絕對地腐化；亦即孟氏書內所言：「有權力者必濫權，其防止之道，在以權制權」。美國的獨立開國先賢暨政治制度，法國大革命的震撼人類史實，皆受其三權分立思想深刻影響。

盧梭（J. J. Rousseau, 1712-1778）：法國大革命前夕的偉大政治思想家，其享譽名著《民約論》（The Social Contract），主張人民接受公平正義而爲公共利益著想的「全意志」（General Will）之國家政府政治的最高指揮，自我與全體彼此結合但仍可保留自我自由，發揮實現國民全體主權。盧梭《民約論》的政治學說，鼓舞造就了法國大革命的口號：「自由，平等，博愛」；其生命自由與追求幸福，乃人生不可

剝奪的「自然權利」，影響了美國開國元勛傑佛遜起草「獨立宣言」內「人生而平等」（All men are created equal）名言。

柏克（Edmund Burke, 1729-1797）：曾當選為英國國會議員的自由黨籍政治領袖，他倡導政黨政治，定義「政黨」為「一國國民，依其所同意之特殊正義政見相結合，而共同致力增進國家利益的政治團體」。也力主國會多數黨領袖，因獲人民選舉政治所擁護信賴，可組成負責任的議會內閣制。

約翰彌勒（John S. Mill, 1806-1878）：他是功利主義重要人物邊沁（J. Bentham, 1748-1832）的大弟子，主要政治著作《功利主義》（民主政治在追求最大多數人的最大快樂），《自由論》（On Liberty），主張政治自由，擴大爭取婦女參政權，建議「比例代表制」增加較小政黨之議席權益，減低較大黨之「多數專制」，對於政治學的演進發展上，有其重大貢獻。

政治學的研究演進，時空由歐洲（特別是西歐）轉向美國發展，1636年哈佛學院的創立，為美國高等教育學術研究之開端。

1880年10月，哥倫比亞學院教授John Burgess創立「哥倫比亞政治學研究所」（**The Columbia School of Political Science**）為美國第一個開創之「政治學」研究專門系所，自此「政治學」脫離哲學、神學、歷史、社會學等，獨立成為一門學科，這是美國政治學研究的行程開端，而Burgess就被推尊為「美國政治學始祖」。

1903年12月，以著名的政治學教授古德諾（Frank

Goodnow）爲首之一群政治學者提議同意成立「美國政治學會」（**American Political Science Association, APSA**），這是美國政治學發展史上的一件大事，也是世界政治學演進的新紀元。1906年這個主導引領美國及世界的政治學會，創刊印行「美國政治科學評論」（American Political Science Review）。1921年，芝加哥大學的政治學教授梅里安（Charles E. Merriam），積極主張政治社會科學化，鼓勵政治學者走出靜態圖書館的抽象檔案，借助社會學、心理學、經濟學、歷史學、人類學、地理學、法學、統計學等知識運用，進行全盤更精密的「科際整合」（Inter-disciplinary Integration）學術知識，成爲Political Science；在他的倡導努力下結合芝加哥大學的教授同事及弟子們，演進發展爲政治學的「行爲主義時期」（**Behaviorism period**）一脈相承，互切互磋，成就爲「芝加哥學派」（**Chicago School**），這一群政治學者教授，包括Harold Lasswell, V. O. Key, Quincy Wright, L. D White, Gabriel Almond, David B. Truman 及David Easton，可謂人才濟濟，開花結果成就美國政治學界重鎮，行爲主義時期大本營，所以Merriam也就被尊崇稱作「行爲主義學派始祖」。[9]

　　上述在1903年12月創立的「美國政治學會」（APSA）會長（president）任期一年，從第一任的Frank J. Goodnow（1904-05）至今（2018），被公認爲政治學先驅，權威泰斗的還有：James Bryce（1907-08），A. L. Lowell（1908-09），Woodrow Wilson（1909-10），（即後於1913-21年擔任美國總統，提議建立「國聯」League of Nations，獲得

1919年諾貝爾和平獎），J. W. Garner（1922-23），Charles
E. Merriam（1923-24），Charles A. Beard（1924-25），
T. R. Powell（1936-37），F. A. Ogg（1940-41），L. D.
White（1943-44），Quincy Wright（1948-49），Harold D.
Lasswell（1955-56），E. E. Schattschneider（1956-57），
V. O. Key（1957-58），David B. Truman（1964-65），
GabrielA. Almond（1965-66），Robert A. Dahl（1966-67），
David Easton（1968-69），K. W. Deutsch（1969-70），
Austin Ranney（1974-75），L. D. Epstein（1978-79），C.
E. Lindblom（1980-81），S. M. Lipset（1981-82），W. H.
Riker（1982-83），S. P. Huntington（1986-87），Lucian W.
Pye（1988-89），Sidney Verba（1994-95），Arend Lijphart
（1995-96），G. B. Powell（2011-12）等[10]，其中，不乏「芝
加哥學派」政治學者與不少「行為主義理論」的先驅大將。

二、我國政治學研究的演進發展

　　民國17年（1928）底，國民革命軍北伐成功；18年創立中
央政治學校於南京，設有行政（後改稱政治），外交、教育、
法律等系，第一屆行政系主任並主講「政治學」的，由著名政
治學者薩孟武擔任。

　　民國21年秋，由中國政治界素富盛名賢達及學者發起籌
備成立「中國政治學會」，有杭立武、薩孟武、王世杰、蕭公
權、蒲薛鳳、端木愷（鑄秋）、高一涵、陶希聖、張奚若、周
鯁生、劉師舜、程天放、錢端升、張忠紱、田炯錦等四十五位

原始發起人，皆爲一時之選；9月1日在南京中央大學大禮堂會議廳，召開成立大會，公推杭立武先生擔任主席，宣布正式成立並宣告籌備經過。同年9月18日，日本悍然發動「九一八」事變，進逼東北瀋陽，國難方殷。民國24年與25年先後舉辦第一、二屆「中國政治學會」年會。26年7月7日，日本侵入北平，爆發震驚世界的「盧溝橋事變」，國人憤慨，全面對日抗戰；這段期間，原設於南京的「中國政治學會」也跟隨國民政府中樞西遷。民國31年11月在戰時首都重慶召開第三屆年會，推舉王世杰擔任理事長，杭立武、蕭公權、蒲薛鳳、錢端升、張忠紱、黃正銘、周鯁生、陳之邁等人爲理事，杭立武並兼爲總幹事，監事有蔣廷黻、張慰慈、高一涵等三位。

34年8月15日，日本投降，對日抗戰終獲勝利，國民政府旋於35年初還都南京。未久，國共內戰，時局動亂，學人飄散；38年（1949）10月，大陸淪陷，「中國政治學會」隨著國民政府播遷來台；民國42年（1953）5月，在台北召開第四屆年會，仍公推王世杰先生擔任理事長。

民國59年（1960）起，該會每年定期出版《政治學報》期刊。尤其值得一提的是，「中國政治學會」在民國78年（1989），正式成爲「國際政治學會」（IPSA）的團體會員。[11]在台灣的「中國政治學會」繼續王世杰先生之歷任理事長爲連戰（永平）、朱建民、雷飛龍、魏鏞、包宗和、黃德福、袁頌西、何思因、明居正、朱雲漢、王業立、周育仁、趙永茂、傅恆德、高永光、吳玉山、陳欣之等學術界菁英政治學教授。[12]另者，基於對台灣政治學界的期盼與展望，在1993年

秋季由陳明通、游盈隆、吳乃德、徐火炎等四位年輕優秀政治學者提議籌劃成立另一新的政治學會，隔年1994年12月17日，「台灣政治學會」（Taiwanese Political Science Association, TPSA）正式成立。此一學會定期召開舉辦學術研討會，並刊行〈台灣政治學刊〉，尤其更設頒「碩士論文獎」、「年會最佳論文獎」、「政治哲學最佳論文獎」等獎項，積極獎勵政治學界年輕新秀與繼起學術優質人才。「台灣政治學會」歷任會長有吳乃德、游盈隆、黃默、陳明通、黃秀端、劉義周、黃紀、廖達琪、徐火炎、余致力、郭承天、王業立（2013-14年，也曾在2006~2007擔任「中國政治學會」理事長，為台灣政治學界唯一擔任過這兩個政治學會理事長、會長的政治學教授）、吳重禮、寇健文等。[13]又以台灣各大學政治系所（及相關科系，如公共行政事務，外交，國際關係等）的演進發展而言，概介如下：

政治大學：民國43年（1954）在台復校，先設政治、外交（新聞、教育）四研究所，隔年添設大學部，包括政治、外交系；45年增設政治所博士班。52年設公共行政系，隔年增設公行所；政大是台灣第一個授與政治學博士學位的大學，這是我國政治學在台灣的演進發展上，一項了不起的學術成就，當時離現在（民國107年，公元2018年）很遙遠的台灣早期政大政治所博士班出產了雷飛龍《漢唐宋明朋黨的形成原因》、陳水逢《中國文化之東漸與唐代政教對日本之影響》、曾濟群《我國立法程序之分析研究》等博士及其撰就論文。

早年政大政治系、公行系、外交系所的碩彥名師，人才

濟濟，比如王雲五、蒲薛鳳、邱昌渭、張金鑑、鄒文海、江炳倫、羅志淵、易君博、朱堅章、陳治世、雷飛龍、傅宗懋、荊知仁、郎裕憲、張治安、謝延庚、湯承業、張京育、關中、朱建民、周熙、李其泰、李鍾桂、王人傑、李偉成、譚溯澄、趙國材、邵玉銘、尹慶耀、陳水逢、曾濟群、馬起華、華力進、楊逢泰、金耀基、吳定、郭俊次、魏鏞、黃德福、張明貴，以及後起新秀才俊，張潤書、林碧炤、蘇起、蘇永欽、謝復生、陳鴻瑜、陳義彥、孫本初、吳瓊恩、吳秀光、陳文俊、鄭興弟、黃紀、紀俊臣、葉陽明、楊泰順、鄧中堅、李登科、邵宗海、施能傑、江岷欽、高永光、仉桂美、盛杏湲、游清鑫、詹中原、江明修、蕭武桐、吳烟村、顏良恭、劉義周、何思因、鄭端耀、郭承天、蘇偉業、陳陸輝、鄭夙芬、嚴震生、吳東野、張台麟、蔡增家、寇建文、徐斯儉、王振寰、陳德昇、吳玲君、楊日青、羅成典、劉志攻等[14]，俱為學養豐富，知識淵博的權威泰斗，教授名師。

　　台灣大學：民國34年（1945），台大法學院即設有政治系，45年增設政治研究所，52年分設為政治理論組，公共行政組及國際關係組。

　　台大為全國最高學府，是全台政治學研究（含國發所）之重鎮，名師輩出，人才蔚起。

　　早期有薩孟武、林紀東、胡佛、劉慶瑞、張劍寒、連戰、錢復、袁頌西、呂亞力、王曾才、曹俊漢、丘宏達、俞寬賜、蔡政文、朱志宏、陳德禹、吳庚等學者名師；後起之秀政治學教授有趙永茂、王業立、陳明通、江宜樺、蕭全政、林水波、

包宗和、朱雲漢、陳新民、辛炳隆、吳玉山、彭錦鵬、葛永光、許慶復、丁守中、明居正、陳思賢、任德厚、黃炎東、高朗、楊永明、周陽山、李炳南、黃錦堂、石之瑜、蘇彩足、洪永泰、盧瑞鍾、黃長玲、江瑞祥、李明輝、陶儀芳、徐斯勤、張佑宗、張亞中、邱榮舉、周繼祥、湯德宗、王鼎銘、林宗達、李念祖、劉鴻暉等，可謂集結我國政治學界之菁英，引領台灣政治學術向前大步邁進。

　　再者，台北大學的周育仁、張四明、陳金貴、翁興利、丘昌泰、吳秀光、黃朝盟、呂育誠、侯漢君、羅清俊;中央研究院的吳玉山、朱雲漢、吳重禮、徐火炎、吳乃德、朱浤源、林繼文、冷則剛、黃紀、徐斯儉；東吳大學的黃秀端、黃默、林嘉誠、吳文程、盛治仁、謝政瑜、郭正亮、陳立剛、游盈隆、江啓臣、吳志中、徐永明、羅致政；文化大學的余小云、張瓊玲、張世賢、蘇子喬、郭耀昌、林忠山、姚立明、鈕則勳、陳世榮；中山大學的廖達琪、汪銘生、楊日旭、姚立明；中央警察大學的謝瑞智、趙守博、李宗勳、高哲瀚、羅傳賢、盧偉斯、朱金池、許福生；中正大學的蔡榮祥、林佳龍；中興大學的湯絢章、董翔飛、蔡東杰、沈玄池；中華大學的林政則、黃國敏、廖益興；世新大學的余致力、彭懷恩、郭昱瑩、徐仁輝、梁世武、游梓翔、李功勤、黃榮護、邱志淳、陳俊明、林清汶、彭滂沱；玄奘大學的林博文、黃臺生、劉佩怡、賽明成、劉念夏；成功大學的宋鎮照、楊永年、梁文韜、丁仁方；東海大學的林騰鷂、傅恆德、胡祖慶、史美強、邱瑞忠、魯俊孟、沈有忠；空中大學的李允傑、吳復新、許立一、賴維堯、

周萬來；淡江大學的黃一峯、郭秋慶、陳一新、翁明賢、包正豪；開南大學的仉桂美、柯三吉、陳啓清、楊仁煌、衛民；銘傳大學的張世熒、楊開煌、樊中原、劉祥得；台師大的范世平、黃城、曲兆祥；暨南大學的江大樹、翁松燃、梁錦文、孫同文。（以上主要依據「台灣政治學會」與TASPAA之通訊名錄及陳義彥〈政治與政治學〉，載於陳義彥主編，《政治學》，頁14-21等政治學系及相關公共行政事務、外交、國際關係等教授名師學者專家）每一位在政治學範圍領域上各有所學特長，出版發表專書論文，對我國政治學的演進可謂蓬勃發展，波瀾壯闊，而有長足的進步及深遠的影響。

另者，對國內政治學演進發展有重大貢獻，甚值參考的政治學期刊有台大政治系《政治科學論叢》；政大《問題與研究》（Issues & Studies）、《選舉研究》、《公共行政學報》、《國際關係學報》；東吳大學《東吳政治學報》；中研院《中山人文及社會科學集刊》，《歐美研究》；中國政治學會《政治學報》；台灣政治學會《台灣政治學刊》；文化大學《政研所學報》；中興大學《公共政策學報》等。[15]

第三節　政治學與其他社會學科關係

現代政治學（Political Science）是一種兼跨多種學科範圍的「科際整合」（Inter-disciplinary Intergration）學問。它是人類於不同史地的社會中之哲學、法律、經濟、心理並借用電腦統計學輔助的政治行為科學。

一、哲學

　　從古希臘到十九世紀，政治學的研究著重於政治哲學思想史與制度，柏拉圖、亞里斯多德、馬基亞維利、布丹、霍布斯、洛克、孟德斯鳩、盧梭、柏克、約翰彌勒等，都是偉大的政治哲學思想家。

二、歷史

　　政治學在1880年，於美國還未成就爲獨立學科前，向來是依附於歷史系教授的政治史、外交史、憲法史之課程。歷史是政治學的上游知識史料，比如淵源流長的中西政治思想史。歷史與政治互爲因果，漢代「文景之治」及唐朝「貞觀之治」，在當時爲「政治」，於今，吾人稱漢唐盛世「歷史」；康梁變法維新，孫文革命建國，皆是百餘年前的「政治」，如今成爲中國之近現代「歷史」。王羲之〈蘭亭集序〉有言：「後之視今，亦猶今之視昔」，未來我們的子孫仍會以「歷史」的心思眼光回首檢視當今此地的「政治」，吾人能不愀然謹慎乎？英國政治史學家E. A. Freeman（1823-1892）倡導力言政治學者一定要多讀歷史，以鑑往知今，資用於爲政之道並作爲來者師也。他有名句：History is past politics and politics present〔future〕 history.吾人亦可說，僅有歷史學之根，卻產不出好的政治，就像沒有開花結果；而有政治之出現，卻無歷史學以資治通鑑，是爲無根基而使政治失能；故兩者皆應輔助運用。

三、地理

英國地理政治學者麥金德（Halford MacKinder, 1861-1947）的「地緣政治學」與美國海軍將領歷史學家馬漢（A. T. Mahan, 1840-1914）的《海權論》（The Influence of Sea Power upon History）以及美國政治學者摩根索（H. J. Morgenthau）的《國際政治學》（Politics among Nations）都大力強調國家地理（地緣）對其國際關係政治之重大影響[16]。人類在飛機航空器未發明之前，因大西洋海島地理，成就了大英帝國「日不落國」政治；美國在關鍵的1898年（美西戰爭勝利，占領菲律賓及國務卿海約翰John Hay成功調解八國聯軍不致瓜分瓦解中國），使得美國的國際政治勢力，兼跨大西洋與太平洋兩大洋地理地緣區域。此外許多國家及世界的南北地理差異，如美國南北戰爭，中國民初政治南北分裂；世界的南北貧富差距對抗，在在影響到政治上的 認同與紛爭。

四、人類心理學

政治學是在研究國家社會人類心理的行為科學，包括人類部落、社區、族群、女權的政治。國父孫先生有言：「國者人之積，人者心之器；國家之治亂，繫於社會之隆污，社會之隆污，繫於人心之振靡」。而心理學對於政治領袖之研究，特別是「魅力型之神格化領袖」（Charismatic Leaders），如印度國父政治家甘地（M. K. Gandhi, 1869-1948），美國黑人民權政治領袖馬丁路德‧金（Martin Luther King, 1929-1968），衛

理公會著名牧師葛理翰（Billy Graham）等，影響世界人類心理極為深入久遠。

五、法律學

政治學研究國家權力之取得來源與行使，必須要有法律正當合法性；對規範國家最高位階，人民權利義務與國家政府組織的憲法，以及行政法、總統國會議員（立法委員），縣市長，鄉鎮長的選舉法規、甚至外交政策、國際關係的國際法等，都必須研習涉獵。

六、社會學

政治學在研究國家社會現象，諸如權力與社會（power and society），有權勢之菁英份子（elite），階級（class），權威（authority）或社會團體（club, association），利益團體（interest group） 甚至政治團體（政團、政黨）等；英國歐文（Robert Owen, 1771-1858），韋伯（S. J. Webb），法國的聖西門（Saint-Simon, 1760-1825），美國帕深思（T. Parsons），馬斯洛（A. Maslow）等著名社會學家，都對人類政治產生很大的思想轉變及影響。

七、經濟學

有些政治學者認為政治影響經濟，馬克斯（Karl Marx, 1818-1883）則言經濟決定政治；其實，大部分政治學家認同兩者互為關聯，「政治學始祖」的亞里斯多德就持此種觀點，

認為政治與經濟應密切配合，相輔相成。所以，「政治經濟學」在當代成為顯學，有愈來愈多的政治學者重視興趣於兩者互為影響的研究分析。

八、電腦統計學

現代政治學注重科學研究方法，如訪談（Interview）、問卷調查（questionnaire）、實地調查（field survey）、定量分析（quantitative analysis）等，這些都需要藉助電腦統計來分析解釋，對政治學更精密確實的研究助益很大。依據政治學大師行為主義時期的大衛·伊斯頓之倡導主張，認為政治學如能與上述社會科學密切輔助合作，科際整合而使政治學更精確互通，建構為更有理論系統的社會科學。

註解

1. James W. Garner,Political Science and Government；孫寒冰，林昌恆等譯，《政治科學與政府》，頁14。

2. Harold D. Lasswell, Politics: Who Gets What, When, How, p.3.

3. H. J. Morgenthau, Politics among Nations 轉引自張自學，《國際政治學》，頁37-38。

4. David Easton, A Systems Analysis of Political Life, p. 32.

5. Austin Ranney, Governing: An Introduction to Political Science, p.4 and pp. 33-35.

6. Austin Ranney, Governing, p. 2; Thomas R. Dye, Understanding Public Policy, p.1.

7. http://unesdoc.unesco.org/images/0015/001575/157593eb.pdf

8. 參閱何思因、吳玉山主編，《邁入廿一世紀的政治學》，頁8-10；王業立主編，《政治學》，頁10。

9. 請參閱張德光，《政治學》，〈美國政治學的演進〉。

10. https://en.m.wikipedia.org/wiki/American Political Science Association

11. 「中國政治學會」成立與在大陸時期及播遷來台年會經過，敬請參閱馬起華，〈中國政治學史檢論〉，《政治學報》，第4期，64年9月，頁89-90；魏鏞，〈中國政治學會之成立及其初期學術活動〉，《政治學報》，第20期，81年12月，頁2與頁20-21。

12. http://www.capstaipei.org.tw/about us/chairmen

13. https://www.tpsahome.org.tw/index.phpc=page&item=81

14. 政大早期政治學碩彥名師，請參閱〈政大政治所年刊〉第七期，1973年5月20日；後起新秀才俊學者，則請參閱《台灣政治學會通訊錄》與2006《台灣公共行政與公共事務系所聯合會（TASPAA）》系所名錄，《政大外交學系創設八十週年紀念文

集》。唯筆者資質不足，學疏才淺，恐有掛一漏萬之處，敬請海量包涵，懇賜指教誨正。

15. 請參閱何思因，吳玉山主編，《邁入廿一世紀的政治學》，pp. 36-39，〈政治學相關期刊〉。

16. 林碧炤，《國際政治與外交政策》，頁63與頁311；張自學譯，同註3所引書，頁156-159。

國　家

第一節　國家定義及國家要素

一、國家的定義

古今政治思想學家對於關乎國家之涵義界說，試舉代表性者如下：

（一）孔子：子曰，「有國家者，不患寡而患不均，不患貧而患不安；邦〔國〕分崩離析，而不能守也，而謀動干戈於邦內」（論語季氏篇）；又曰，「審法度，四方之政行焉，天下之民歸心焉；重民，寬則得眾，信則民任焉」。（堯曰篇）

（二）孟子：「諸侯〔國〕之寶三：人民、土地、政事，〈盡心篇〉。又曰，「苟行仁政，〔國家〕四海之內，皆舉首而望之」〈滕文公篇〉。再曰：「保（人）民而王，莫之能禦也」（梁惠王篇）。

（三）韓非：他的國家政治思想，乃集申不害的「術」，慎到的「勢」與商鞅的「法」之集大成者。其「君術」如，「明主積於信，賞罰【二柄】不信，則禁令不行」，「有功者必賞，罰莫如重而必」，「人主雖有聖智，莫盡其術，為其漏也」。其「權力威勢」如，「明主之治國，任其勢，民固服於勢，勢誠易以服人；善任勢者其國安」。其「法治」如，「吏者平法則也，治國者不可失平也；明法則強，慢法則弱；所以治也，法也；奉行商君【商鞅法治】而富強」。

西洋馬基雅維利之《君王論》〈The Prince〉與中國韓非子之國家政治思想，有類似之處而互為輝映。

（四）德國法政學者維也納大學教授Georg Jellinek（1851-1911）提出國家組成三要素為領土、人民、主權。[1]

（五）美國近代著名政治學者曾任1922-1923年「美國政治學會」會長的迦納（James W. Garner）對於國家的涵義介說：「國家是由人民所組成之社會，永久占有一定領域，不受外來的統治，及有一個為人民所服從之有組織的政府」。[2]這個定義也明白標出了國家所應具有的條件要素。

（六）1933年12月26日於美洲烏拉圭首都蒙特維多所召開之第七屆美洲國家會議上的政治專家學者所簽訂之「蒙特維多國家權利義務公約」（Montevideo Convention on The Rights and Duties of States），就「國家」的定義界說訂下四個標準要素：1.永久的人口（a permanent population）；2.固定的領域（a defined territory）；3.有效統一的政府；4.與他國交往之能力（國家主權普遍為國際社會所接受）[3]。

綜合上述界定意涵，吾人約可將現代國家之定義如下：國家是現代人類的一種政治組織，它的意涵條件為要有較永久的人口，界定明確的固定領域，有效統治的政府及與他國交往之能力（對內與對外主權）等四個要素。

吾人漢字之「國」字，早也呈現包含此四要素，其中裡面的「口」代表人口；外圍的口表示四極領域；口之下的「一」意涵有效統一的政府；而戈表示「執干戈以衛社稷」國家（主權）。

二、國家構成的要素

以下闡述國家的四項要素：

（一）人民

人民含括國民與公民，範圍最廣；我國憲法第3條：「具有中華民國國籍者，為中華民國國民」；公民是指享有參政權的國民，憲法第130條：「中華民國國民年滿二十歲者，有依法選舉之權……年滿二十三歲者，有依法被選舉之權」。人民乃指一群體聚集在一個四圍領域而構成國家，他們具有相當程度的共同凝聚意識感情，通常共同使用國家內最大種族最多人數的語言。然則，也有例外，比如瑞士這個國家的人民，德語、法語、義大利語皆通用，因其處於這三國之間而來往頻繁。一個國家的人民數「量」與人民品「質」（教育程度、工業技術水準、文化高低等）都會影響國家的力量；人口數量眾多而且品質優越，是強盛國家（如美國）的要件。

（二）領域（領土）

凡國家統治權所能支配統領之範圍四域稱之領域（領土）。無領域，則人民沒有立足之所在，亦無生活依靠；國家在其領域對內行使統治權力，對外也可屏除他國勢力侵入，此其所謂領土最高主權；其在國家政治意義如下：1.領土乃國權支配統治之界圍；2.在同一領土內，不能容許兩國主權之存在；3.現代的領土（領域）觀念，不只含括土地之地面及地下海岸線之領海（軍艦亦屬國土之延伸），更及於領空。依1919

年在巴黎簽訂之國際航空條約規定「所有之國家，於其領土與領海之上空，擁有完整之排他性主權；唯通常對於民用航空器（飛機）之「無害通過」（innocent passage），基於條約於一定限制下，給予同意飛航。」

由於領土涉及國家主權行使，所以如有兩國邊界不清，疆域未定時，就難免發生政治軍事衝突，比如中印、中蘇（珍寶島事件），日本北方國後、擇捉、齒舞、色單等四小島與俄羅斯之爭端，及釣魚台領土主權的爭議等。「地緣政治學」（Geopolitics）的理論，曾鼓舞影響強國對外的領土發展與殖民擴張。再述，國家憲法對於領土範圍之規範，有採列舉式與概括式者。列舉之優點，在於明白宣示領土之範圍，對內可促喚人民珍重愛惜心理，對外可使國際之尊重，並防止他國之覬覦野心；缺失則是國家領土遼闊，地域繁多，欲逐一列舉，恐有掛一漏萬之處；而遇國家行政區域調整，行省名稱範圍變更（如東九省改為東三省；西康省廢除，東半部劃歸重慶院轄市，西半部劃給西藏），則須修正憲法，較為繁雜不便。至於概括式之優缺點，恰與列舉式相反；其在憲法對領土之範圍，僅做簡單概括之規定，是為優點；唯究竟國家領土之區域所在與行省名稱，皆未列出而無明示，乃為其缺點。

我國在民國25年5月5日由國民政府明令公布施行之「五五憲草」第4條：「中華民國領土，為江蘇、浙江、安徽⋯⋯等固有之疆域。」原採列舉主義，及至民國35年對日抗戰勝利後所制定，公布施行之憲法第4條：「中華民國領土，依其固有之疆域⋯⋯。」改採概括主義，因列舉多所複雜不便[4]（比如

香港、澳門、釣魚台之領土主權）。

　　另者，民國82年（1993）3月，有立法委員對於「固有疆域」提出疑義，認爲外蒙古及中國大陸是否爲中華民國之領土，而聲請司法院大法官會議解釋。

　　同年11月26日，釋字第328號解釋文：「中華民國領土，憲法第4條不採列舉方式，而爲「依其固有之疆域」之概括規定，並設領土變更之程序，以爲限制，有其政治上及歷史上之理由。其所稱固有疆域範圍之界定，爲重大之政治問題，不應由行使司法權之釋憲機關予以解釋」。[5]

（三）政府

　　在國家內爲其全體人民制定並執行政策的是專業分工，有組織而具備價值權威分配的政府。

　　民主國家依行政、立法關係而分爲內閣制、總統制、雙首長制或是委員制的政府；又從政府權力決策集中於一人或少數還是由全體人民所共同參與之民治，而分爲獨裁制（極權專制）與民主制；更在中央政府與地方政府之權限分配，而有中央集權與地方分權之不同。

　　我國原來憲法乃基於全體國民之付託，依據孫中山先生創立中華民國之遺教，爲「鞏固國權（民族），保障民權，奠定社會安寧，增進人民福利（民生）」而制定；於第二章與第十二章規範人民之自由權利義務；以及前言「頒行全國，永矢咸遵」，第78條「司法院解釋憲法，並有統一解釋法律及命令之權」，與第171條「法律與憲法牴觸著無效」，第172條「命

令與憲法或法律牴觸者無效。」（意即憲法之至高無上屬於最高位階）之外，分別於第三章國民大會，第四章總統，第五至九章行政、立法、司法、考試、監察，第十至十一章中央與地方之權限（均權制），地方制度；可知為權能區分的五權憲法民主共和政府。

政府是依國家憲法所產生，為行使政府權力與執行公共事務決策，管理整合人民資源權利之衝突，並作出價值的權威性分配；因此，政府必須要具有正當合法性（legitimacy），以讓人民遵循服從。再者，政府畢竟只是國家的要素之一，國家含括政府；政府常會因（政黨）輪替，政變或革命而更替，期間較為短暫；而國家是持續長期存在的整體，所以「國家」的概念大於「政府」的概念。

（四）主權

在法國布丹（1530-1596），英國霍布斯（1588-1679）至法國盧梭（1722-1778）等政治思想家的著作學說裡，就提到了國家所具有之一種永久絕對，至高無上而不可分割轉讓，以君王或國民為主的權力，稱之主權。

主權乃主要指國家對內，於所有個人或團體擁有絕對至高的支配權力；對外，於國際法上具有獨立自主而不隸屬他國之優越至上權力；此即國家之對內主權（internal sovereignty），指最高權威效力；與對外主權（external sovereignty）具有獨立自主性質。

又有所謂事實主權（de facto sovereignty）與合法主權

（de jure sovereignty）。「合法主權」乃指一國之主權能被（國際社會）其他國所承認者稱之；而雖未被他國承認，卻事實上能行使實際統治權者，稱為「事實主權」，比如叛變或革命成功或臨時占領之政府，能行使實際統治權者，即可謂之。再者，事實主權如受人民擁戴支持而又能獲國際間承認，即可轉為合法主權。

論者又謂，構成國家四個條件要素（人民、領土、政府、主權）之間，以「主權」之中心概念與統治權力為最重要；因「人民」如無國家主權做後盾依靠，就會像吉普賽（gipsy，gypsy）民族，到處流浪無依；又「領土」如遇國家主權分離或主權不受維護，則可能被他國占領；而「政府」如果沒有國家對外主權之自主性，很難有效發展與國際社會交往之能力，想要加入國際關係重要組織，到處碰壁而不被承認，可能變為國際社會孤兒。

我國憲法第2條：「中華民國之主權，屬於國民全體」。可知我國之主權，應屬全體國民所共有共治共享；政府、公務人員及民意代表，非真正國家主權所有人，理論上他們只代表人民行使主權而已。至於國民主權之行使，主要是以憲法第17條：「人民有選舉，罷免，創制及複決之權。」；第62條：「立法院為國家最高立法機關，由人民選舉之立法委員組織之，代表人民行使立法權」；第130條：「中華民國國民年滿二十歲者，有依法選舉之權。除本憲法及法律別有規定者外，年滿二十三歲者，有依法被選舉之權」；與憲法第八章「考試」第85、86、88條規定，有關公務人員之選拔、任用、銓

敘；及增修條文第2條（總統副總統由人民直選），第4條（立法院委員之組成，選舉區域方式，領土變更程序及對於總統、副總統之彈劾案程序等）。

第二節　國家的型態分類

全世界約共197個國家（含教廷國，The Holy See，Vatican City State）；其中，非洲54國，亞洲49國，歐洲45國，美洲35國（北美2國加上中南美33國），紐澳大洋洲14國；而聯合國承認的會員國有193個[6]；很特殊的是巴勒斯坦解放組織（PLO）得到大多數會員國承認，但被以色列反對暨五大常任理事國（美、中、英、法、俄）之其中一國所否決。

世界各國的型態各式各樣，種類繁雜，其分類大概有八種標準來區分類別：

一、依人口多少土地面積來分

大、中、小國：人口超過一億的人口大國有十三國（中國14億，印度13.2億，美國3.3億，印尼2.6億，巴西2.1億，巴基斯坦1.9億，奈及利亞1.87億，孟加拉1.63億，俄羅斯1.4億，墨西哥1.3億，日本1.26億，菲律賓1.02億，伊索比亞近1.02億）。[7]

面積版圖前十大國家為俄羅斯（1,700萬平方公里，加拿大近1000萬平方公里，中國960多萬平方公里，美國近960萬平方公里，巴西850萬，澳大利亞770萬，印度320萬，阿

根廷278萬，哈薩克272萬，阿爾及利亞238萬平方公里）。[8]
而領土面積很小者，如教廷梵蒂岡（0.44平方公里）、歐洲摩
納哥侯國（2平方公里）、大洋洲的諾魯（21平方公里）、吐
瓦魯（26平方公里）等。

二、以經濟開發情況來分

（一）先進發展（more developed）工業高所得國，他們
大多為第一世界成員，如英、美、法、義、德、加、日（G7
工業大國）奧、丹、芬、冰、荷、比、盧、挪、瑞典、瑞士、
紐、澳等。

（二）轉型發展（transitional developed）國家：如亞洲四
小龍（星、韓、中華民國台灣、1997年前香港）與中東石油國
（沙烏地阿拉伯、科威特等）。

（三）正發展中（developing）第三世界的亞、非、中南
美洲國家，如印尼、埃及、阿根廷、智利、古巴、墨西哥、秘
魯等。

（四）最低度開發（the least developed）赤貧國家的「第
四世界」（the fourth world），如阿富汗、中非、剛果等。[9]

高度開發之第一世界高所得的資本主義都市工業化富有
國家，幾乎都位於北半球（但紐、澳卻在南半球），而第三、
四世界的較低度開發低所得赤貧的窮國，大多位在南半球（但
「金磚四國」，屬於第三世界的印度卻在北半球），於是這種
愈來愈擴大的貧富差距失衡，無形中就產生了國際關係上的所
謂「南北對抗」（north south confrontation）國家。

三、依國家地理位置是否依靠有海洋港灣

依傍海洋，有長遠海岸線與優良港灣的國家，稱爲「海權國」（sea power countries）；反之，國土四域都接壤陸地者，稱爲陸封國（landlocked countries）或「陸權國」。早期「海權國」有西、葡、荷蘭及十八、九世紀的英國。

美國海軍上校馬漢（A. T. Mahan, 1840-1914）的世界名著《海權論》（The Influence of Sea Power upon History）[10]指出，英國成就世界海上霸權而爲「日不落國」原因是由於海洋島國地理位置，有長遠海岸線及良好港灣，而且國民性格傾向海洋冒險殖民擴展，且國家政府大力提倡海洋政策與開拓海軍強權。

他呼籲美國有爲者亦若是；主張「哪一國能控制海洋，該國即能成爲海洋大國，世界霸權」。

當今，世界強大海權國家有美、英、印度、中國、俄羅斯等。

即以目前擁有航空母艦數量而言，美國有12艘（其中尼米茲級10艘）；英國3艘，印度3艘，中國2艘（第一艘遼寧號），俄羅斯1艘，法國1艘（戴高樂號）。[11]再者，以上美、英、中、俄、法、印度等國，皆爲擁有核武國家。[12]

然則，英國地理學家麥金德（Halford Mackinder）也在1904年宣讀大作〈地緣中心政治論〉（The Geographical Pivot Of History），極爲影響德、蘇兩大國的《陸權論》。接續義大利軍事理論家杜黑（Giulio Douhet, 1869-1930）於1921年發

表了〈制空權理論〉（空權論）。

「陸權國」有瑞士、奧地利、盧森堡、玻利維亞、巴拉圭、捷克、匈牙利、蒙古、尼泊爾、賴索托、中非、馬拉威、不丹、阿富汗、烏干達、尚比亞、辛巴威等。

四、就國體（Form Of State）與政體（Form Of Government）來分類

（一）依國體來分

1. 以元首之名，稱為皇帝、國王者，為君主國；稱之總統、主席者，為共和國[13]。統治決策權操於一人者，稱君主制；操在多數人者為共和制；君主制大多由同一血緣來世代繼承，共和制的總統、主席通常要經由較民主的選舉產生，而且有任期限制。

2. 就是否自由民主的標準區分：Robert A. Dahl認為是否自由民主有八項（言論自由、集會結社自由、人民有投票權、公民有被選舉進入公職機構、政治領袖有選舉與被選舉權、可獲得資訊管道、選舉必須公正、民主投票基礎組成決策機制）。[14]

接近以上標準者，稱為自由民主國家；反之就被歸類為極權（納粹，史達林），威權（程度相對比較低）的不自由民主國家。

在Arend Lijphart著名《當代民主類型與政治》的二十一國家（包含英、愛爾蘭、法、德、義、瑞士、奧、荷、比、

盧、挪威、瑞典、丹麥、冰島、芬蘭等歐洲十五國及美、加、紐、澳、日本、以色列）之自由民主程度，都是名列世界前茅的[15]。

（二）以政體來分

分為君主制的絕對君主與立憲（限制）君主政體；又有共和制的國民主權民主共和，法西斯、納粹的專制獨裁，某些拉丁美洲、非洲國家的軍事強人獨裁及共產社會主義一黨獨裁中央集權制的政體。

五、以國家權限的集（中）分配（分散）來區別

就一國而言，可分為單一國（Unitary State）與聯邦國（Federal State）；如有兩國以上稱為複合國，主要有邦聯（Confederation）、國協（Commonwealth）及打破疆界國家的區域特殊組合。國家一切事權統屬中央政府指揮管理的，稱為單一制國家如英、法、盧、冰島、愛爾蘭、義大利、紐西蘭等；國家事權分配於中央與地方政府，為聯邦國；聯邦國如美、加、德、瑞士、澳大利亞等。[16]

邦聯的往例有1776-1789年的美國，1815-1848年的瑞士等，而後來他們轉化為聯邦。邦聯與聯邦最大的區別在：邦聯的分子國有國際獨立地位，聯邦的各邦則無；邦聯之分子國有加入或脫離自由，聯邦各邦一旦加入，即無脫離自由。

國協以「大英國協」（英國及其自治領self-governing dominions，前殖民地之加拿大、紐、澳、南非等53國組成，

雖擁奉英王爲國協首領，唯內政，外交完全自主，不受英國的約束與從屬關係）；及1991年蘇聯解體後之以俄羅斯爲首，及白俄羅斯、烏克蘭、哈薩克、亞塞拜然、亞美尼亞、土庫曼、吉爾吉斯、烏茲別克等國的「獨立國協」（Commonwealth of Independent States, CIS）。

打破疆域國家的區域特殊組合爲歐盟（EU）：

1950-51年，法、德，義，荷、比、盧六國組成「歐洲煤鋼共同體」；1957年簽署「歐洲經濟共同體」（EEC）；1992年簽訂馬斯垂克條約（Maastricht Treaty），形成「單一市場」；1993年，「申根公約」（Schengen Agreement）通過，打破國界疆域，EEC更名爲EU；2002年，歐元（Euro）啓用，僅次於美元之第二大貨幣；2003-2007年，邀請東歐國家加入之「東擴」政策；至2013年共有28個成員國，邁向經濟與政治實體統合之特殊組合。[17]唯2016年6月英國在全民公投中以51.9%之決議脫離歐盟。

六、以國家主權是否完整來分類

（一）完全獨立主權國

　　大多數國家屬之。

（二）非完全獨立之部分主權國家

1. 被保護國：如1905-1919年的高麗之於日本，1914-1922年的埃及之於英國。

2. 附庸從屬國：如1884-1901年的南非之於英國。

3. 被占領國：如二次大戰結束，德國被美、英、法、俄分區占領；1945-1952年，日本因戰敗而被以美國爲首的八個國家占領。

（三）（永久）中立國

　　以1815年維也納會議條約承認的瑞士最爲顯著例子，爲永久中立國；目前瑞士之外，被國際社會普遍承認永久中立國家還有瑞典、芬蘭、奧地利、列支敦斯登、梵蒂岡教廷國、哥斯大黎加等。

七、以中央政府憲政體制分類

　　分爲內閣制、總統制、雙首長制，委員制國家（於第四章第三節介紹）。

八、以政黨體系制度分類

　　分爲無黨制、一黨制、兩黨制、多黨制國家（於第五章介紹）。

註解

1. 參閱https://www.wikipedia.org/wiki/Georg_Jellinek網址資訊。

2. 孫寒冰譯，迦納著，《政治科學與政府》，頁92。

3. 請參閱王保鍵，《圖解政治學》，頁52。

4. 林紀東，《中華民國憲法逐條釋義〈第一冊〉》，頁42；謝瑞智，《憲法概要》，頁78。

5. 司法院編纂，立法院法制局增補，《司法院大法官解釋彙編》，頁283。

6. http://www.worldometers.info/geography/how-many-countries-are-there-in-the-world/；外交部，《世界各國簡介暨政府首長名冊》，100年10月。

7. http://www.worldometers.info/world-population/population-by-country/

8. 依http://www.wikinland.com/世界前十大國家面積網址資訊。

9. 彭懷恩，《國際關係與現勢》，頁286-289；林碧炤，《國際政治與外交政策》，頁176-178。

10. 參閱美國唐斯（Robert B.Downs）著，"Books that Changed the World"，"Books that Changed the America"；彭歌譯，《改變歷史的書》，《改變美國的書》，〈馬漢及其海權論〉。

11. 楊俊斌，〈海洋強國航母數量〉，中國時報，A16軍事新聞，107年8月12日。

12. Manning, Robent A., 1997-98,〈The Nuclear Age: The Next Chapter〉,《Foreign policy》NO.109, p. 80.亦請參閱林宗達副主編，《國際關係與現勢》，頁474-475，〈全球性軍事安全問題〉。

13. 謝瑞智，《世界憲法事典》，頁2；2001年世界192國中，君主國有46國，而共和國有146國。

14. 轉引自高德源譯，李帕特著，《三十六個現代民主國家的政府類型與表現》，頁56。陳坤森譯，李帕特著，《二十一個國家多數模型與共識模型政府》，頁2。

15. 華力進，《政治學》，〈民主程度積分表〉，頁110-111。

16. 陳坤森譯，同註14所引書，頁189；高德源譯，同註14所引書，頁209。

17. 參閱王業立審訂，《圖解政治學》，頁55；王保鍵，《圖解政治學》，頁71。

第四章

憲法與憲政

第一節　憲法涵意及其分類

一、憲法涵意

　　國父孫先生說：「憲法者，西語曰Constitution，乃一定不易常經。非革命不能改也。」意謂憲法為國家最基本根本大法。又曰：「憲法者，國家之構成法，亦即人民權利之保障書也。」乃謂憲法是國家政府之組織法，也是保障人民自由權利的基本法典。

　　德國著名憲法學者，維也納大學教授耶律內克（Georg Jellinek）說：「憲法是決定國家各機關組織，規定它們相互關係與權力範圍，及國家根本地位的法」。麥因托息（Sir James Meintosh）說：「成文與不成文的基本法，規定高級官吏的權力以及人民的重要權利者，稱之為國家憲法。」[1]

　　由以上引述可知，憲法是國家位階最高之基本根本大法，是國家政府各機關權力（三權或五權）組織法，更是保障人民自由權利的法典。以我國憲法為例闡述如下：

1. 國家位階最高的根本大法：憲法前言66個字的最後8個字「頒行全國，永矢（誓）咸遵」；憲法第48條總統就職宣誓詞：「余必遵守憲法……如違誓言，願受國家嚴厲之制裁」；第78條：「司法院解釋憲法，並有統一解釋法律及命令之權」；第171條：「法律與憲法牴觸者無效」；第172條：「命令與憲法或法律牴觸者無效。」可知憲法是國

家至高無上，位階最高根本大法。

2. **是國家政府的組織法與權限**：從第三章國民大會（已廢除），第四章總統，第五章～第九章行政、立法、司法、考試、監察（五權分立），第十章中央與地方之權限，第十一章地方（省、縣）制度等，可見為國家政府組織法與權限。

3. **人民自由權利保障書**：由憲法第2條：「中華民國之主權屬於國民全體」與第二章「人民之權利義務」，第十二章「選舉罷免創制複決」及第十三章基本國策第三節國民經濟，第四節社會安全，第五節教育文化等，俱為人民自由權利之保障法典。

　　現代意義的憲法，發端於老牌民主國家英國的不成文憲法（依其長遠之歷史文獻、大憲章、權利請願書、國會法、司法判例、政治傳統習慣等）；而成文憲法開始自1787年的美國憲法；之後1789年的法國憲法（暨1958年第五共和憲法共92條），1889年的日本明治憲法（暨1947年5月3日正式實施之現行日本國憲法共103條），1919年的德國威瑪憲法（暨1949年西德基本法共146條），及我國在民國35年（1946）12月25日通過，隔年元旦公布，同年12月25日施行及至今共七次增修的現行憲法。（原憲法175條加上增修條文12條）

　　美國現今為世界超級強國，其憲法原本只有七條（第1條立法權，第2條行政權，第3條司法權，明顯標示三權分立）。至今增補條文有二十七條（其中第15條規定投票權不得分種族膚色而否定或剝奪；第19條規定不得因【男女】性別否定或剝

奪公民投票權;第22條規範美國總統擔任最久年限【因二次大戰使得羅斯福總統擔當三任而增補】;1971年第26條增補十八歲以上美國公民投票權)。

　　法國憲法第7條規範「兩輪投票多數當選制」。

　　日本國憲法第二章第9條:「日本……永久放棄發動戰爭……不保持陸海空軍……」。德國(西德1949年5月23日公布,1990年10月東西德統一)的基本法(Basic Law)第102條:「死刑應廢止之」(Captial punishment shell be abolished.)是各國憲法中,極少見的條文。印度在1947年自英國殖民地獨立;1949年11月26日公布,1950年1月26日生效之憲法條文共有395條,是「全世界最長的憲法」。[2]

　　印度近十多年來國力崛起,與巴西、俄羅斯、中國及南非合稱「金磚四(五)國」(BRICS)。

一、憲法的區別分類

　　憲法的區分類別,約有下列十三種:

(一)成文(Written)憲法與不成文(Unwritten)憲法

　　以是否有文書條文作為標準,如我國與美國者即為成文憲法;英國則為典型不成文憲法例子。

　　依據1936年出生荷蘭,1963年獲得耶魯大學政治學博士,享譽世界的美國大師級著名學者李帕特(Lijphart Arend)教授的經典大作《民主類型:三十六個現代民主國家的政府類型與表現》(Patterns of Democracy:Government Forms and

Performance in Thirty-six Countries）書中統計，三十六個現代民主國家（美、加、日本、德、奧、法、義大利、瑞士、愛爾蘭、荷、比、盧、瑞典、挪威、丹麥、冰島、芬蘭、澳大利亞、印度、哥斯大黎加，與英、紐西蘭、以色列等），其中有三十三個屬於成文憲法國家；只有英國、紐西蘭、以色列三國為不成文憲法國家。[3]

（二）剛性（rigid）憲法與柔性（flexible）憲法

此種分類是由英國著名憲法大師Albert V. Dicey（1835-1922）於其經典鉅作《英憲精義導論》（Introduction to the study of the law of the Constitution）是以憲法修改手續難易來分，凡憲法之修改必須經由特殊機關與程序而經絕大多數票決同意始得修改的，稱為「剛性憲法」，如美國與我國憲法屬之；反之，憲法的修改，與一般法律之僅多數決即可修改者，稱之「柔性憲法」，如英國憲法即是。

依據李帕特的專精研究及細心統計，憲法修正案需要三分之二或更嚴格之特別多數才能同意者，有美、加、日、德、瑞士、澳大利亞；奧地利、荷、比、盧、挪威、芬、印度、哥斯大黎加等，屬於剛性憲法國家。反之，英、紐西蘭、以色列僅需一般多數同意即可，是為柔性憲法國家。[4]

（三）欽定、協定、民定憲法

是由制訂主體之君王欽意或由人民主權，或由兩者之間的過度妥協而成之憲法來區分。

　　欽定憲法是由君王、皇帝單方面所制訂的憲法，如日本明治22年（1889）由天皇所制定之「明治憲法」。此帝制憲法分〈上論〉及本文，七章節共76條；附有天皇對日本國民之「敕語」，宣誓皇憲制定之動機，思想及目的；此憲法本文第1條：「大日本帝國由萬世一家之天皇統治之。」亦可傳給繼承之萬世一家子孫（如明治－大正－昭和），可知其爲欽定憲法。

　　至若日本於1945年8月15日二次大戰失敗投降，依照盟國占領總部（G.H.Q）以麥克阿瑟統率之聯軍指令協助，在昭和22年（1947）5月3日正式施行之現行「日本國憲法」（或謂麥克阿瑟憲法草案）之序文〈前言〉：日本……茲特宣言主權屬於國民（民有），而確定本憲法。夫國政乃受國民嚴肅信託，權威來自國民，其權利由國民之代表者（民治）行使，福利由國民享受（民享）。故知現行日本國憲法已爲「民定」憲法。

　　我國憲法於民國35年12月25日通過，36年1月1日公布，同年12月25日施行之憲法前言「中華民國……爲鞏固國權（民族），保障民權，奠定社會安寧，增進人民福利（民生），制定本憲法」；第1條；「中華民國基於三民主義，爲民有民治民享之民主共和國」。第2條：「中華民國之主權屬於國民全體」。可知我國憲法乃爲民定憲法。

　　美國聯邦憲法前言：「美國人民……以樹立正義，保障安寧，增進全民福利，並謀人民永久享受自由幸福，爰制定本憲法。」亦知其爲民定之憲法。

　　至於憲法是依君主與人民妥協，或與人民之代表機關雙方

協議而制定者，稱之「協定憲法」，如英國在1215年由英王與人民妥協（限制國王濫行逮捕拘禁人民，收稅需經同意之建立人民自由權利保障）的「協定憲法」大憲章（Magna Carta, the Great Charter）。

當今世界各國憲法絕大多數都已屬「民定」憲法。

（四）就國家政府權力區分為三權或五權憲法

三權憲法（Three-power Constitution）淵源自法國法政思想家孟德斯鳩所著《法意》（The Spirit of Law）之權力區分原理，將行政、立法、司法獨立規範於憲法，相互監督制衡。

美國聯邦憲法第1條立法權，第2條行政權，第3條司法權；現今法國為第五共和憲法，第三章政府，第四章國會，第八章司法機關；俱可知為三權憲法國家，目前各國憲法沿襲遵行三權分立；唯國父孫先生採行歐美三權分立理論，又因襲中國古代固有獨立之考試、監察（彈劾）兩權，而獨自發明創立權能區分，彼此制衡而又互相合作之「五權憲法」。

（五）就憲法是否真正實施落實效果而分為規範保障性（Normative）、名義宣示性（Nominal）、書面語意裝飾性（Semantic）憲法

此區別分類是由德國憲法大師Karl Loewenstein（1891-1973）所創立區分。

規範保障憲法：遵循憲法規範約束，實際保障效度最高，民主先進國家，如英、美、法、德均屬之。

　　名義宣示性憲法：雖有公布憲法，但無以約束當權者政治權力，也沒有充分保障人民自由權利，如威權國家憲法。

　　書面語意性憲法：人民自由權利，僅於書面上表面章條符號（symbolic）裝飾性而已，成為統治者的表徵與工具，許多獨裁極權專制國家的憲法即是。[5]

（六）創制性與模仿性憲法

　　前者如美國憲法之三權分立制衡及我國憲法之五權分立而又相互合作；後者如日本新憲法之模仿美、英憲法而成。

（七）共和與君主憲法之分

　　前者如美國與我國憲法；後者如日本明治憲法。

（八）平時與戰時憲法之分

　　顧名思義，承平時期的憲法稱之平時憲法；而戒嚴年代〈動員戡亂時期臨時條款〉則含有戰時憲法成分。

（九）總統制、議會內閣制、委員制分類

　　總統制如美國，議會內閣制如英國，委員制如瑞士之憲法。[6]

（十）是否有意識形態而分類

　　如德國社會民主主義與共產主義之具有意識形態。

（十一）資本主義與社會主義分類

前者如美、英資本主義國家憲法，後者如社會主義國家憲法。[7]

（十二）單一制與聯邦制之分

前者如日本與我國憲法，後者如美國憲法。

（十三）一院兩院三院制憲法分類[8]

一院制如以色列、紐西蘭憲法，兩院制如美、英、法，三院制如我國憲法依據大法官第76號釋憲文，「國民大會、立法院、監察院共同相當於民主國家之國會」。

基於以上分類，我國憲法是類屬成文憲法，剛性憲法，民定憲法，五權憲法，（接近）規範保障憲法，創制性憲法，共和憲法，平時卻又偶有戰時（動員戡亂時期臨時條款）憲法，兼有總統制與內閣制綜合之雙首長制（半總統制）憲法，單一（國）制憲法。

一般論說，民定憲法優於欽定，規範保障性憲法最優，共和優於君主憲法，平時憲法優於戰時憲法。

第二節　我國憲法及人民之自由權利　

一、我國憲法制定及增修條文

民國元年3月南京臨時政府決議《臨時約法》，孫先生辭

大總統職務後，袁世凱權勢擴張，野心更大，於民國4年僭號稱帝；繼而北洋軍閥亂政；14年7月，南方廣州國民政府成立，15年至17年北伐完成，全國南北統一，17年10月於廣州公布《中華民國國民政府組織法》；20年5月5日制定《訓政時期約法》，同年6月1日公布施行；未久發生「九一八事變」；曝露日本軍閥侵華野心，國難方殷。

22年1月，國民政府立法院成立「憲法起草委員會」；廣諮博探，徵求各方意見。25年5月5日公布《五五憲草》，凡八章147條。

26年7月7日，「盧溝橋事變」爆發，全力對日抗戰；34年8月15日，日本戰敗投降，國土重光，國民政府乃積極制定憲法；唯戰火剛熄，四方滿目瘡痍，而共黨也乘機坐大，政府為加強團結重建國家，乃於35年1月在重慶召開「政治協商會議」，制訂《政協憲草》。

35年11月15日，制憲國民大會於南京召開，熱烈廣泛討論憲法草案，同年12月25日憲法三讀通過；其間，制憲國民大會代表之辛勞曲折妥協包容，為國家根本大法竭盡心力，忍讓從公之精神，值得後人尊敬推崇。

此憲法於36年1月1日由國民政府公布，同年12月25日施行。

憲法於前言之外，凡十四章175條：

第一章總綱（1～6條），第二章人民之權利義務（7～24條），第三章國民大會（25～34條），第四章總統（35～52條），第五章行政（53～61條），第六章立法（62～76條），

第七章司法（77～82條），第八章考試（83～89條），第九章監察（90～106條），第十章中央與地方之權限（107～111條），第十一章地方制度（112～128條），第十二章選舉罷免創制複決（129～136條），第十三章基本國策（137～169條），第十四章憲法之施行及修改（170～175條）。

唯憲法甫剛施行，國共爆發激烈內戰，乃由國民大會於37年4月18日決議通過《動員戡亂時期臨時條款》[9]並訂於5月10日施行。

連署提案此臨時條款之國大代表王世杰說明提案要旨：「在求行憲（與）戡亂並行不悖……應付時局，挽救危機，眞正能行憲而且能戡亂。」

之後此臨時條款又由國民大會於民國49年、55年、61年（皆為總統選舉年）修正，至民國80年4月22日，經國民大會議決廢止，5月1日由總統明令公布。

49年3月11日，國民大會就《臨時條款》作第一次修正，總統於隔日公布施行，其第三項新增條文：「動員戡亂時期，總統與副總統連選連任，不受憲法第47條連任一次之限制。」按《臨時條款》為臨時（限時）法，與憲法求永久性（永矢咸遵）不同；為特別法，優先於憲法與普通法；具戰時憲法性質，與平時憲法大不相同。[10]

民國64年4月5日，蔣中正總統逝世；77年1月13日，經國總統逝世；依憲法第49條規定李登輝副總統繼任總統；79年，國民大會選舉李總統為第八任總統；85年人民直選李總統為第九任總統。89年3月20日，陳水扁先生以39%相對多數當選總

統，首次政黨輪替。

　　自民國80年第一次憲法增修；81年為第二次增修；83年第三次增修，第二條規範自85年第九任總統副總統由人民直選；以得票最多之一組當選。【相對多數當選制】；86年第四次增修；88年9月第五次增修，唯經司法院大法官會議於89年3月24日以釋字499號解釋有關國民大會代表任期延長及擴權案等，違反民主憲政之正當性及有違利益迴避原則為無效；89年4月為第六次增修；94年6月10日總統公布第七次中華民國增修條文，含前言與十二條文。

二、我國憲法對於人民權利之規範保障

　　各國憲法對於人民自由權利保障源遠流長，諸如：英國1215年的大憲章（Magna Carta），限制君主濫權，保障人民自由權利；1628年的〈權利請願書〉（Petition of Right），規範國王需經國會同意始得徵稅，不得任意拘捕人民。1689年的〈民權法典〉（Bill of Rights）保障人民有請願、信教自由，國會議員在議會內有言論自由；1690年的洛克〈政府二論〉，保障人民財產與革命權利。

　　法國1762年盧梭《民約論》，提倡天賦人權；1789年法國的《人權宣言》，人有天賦之自由、反抗專制壓迫、參政立法權，法律之前一律平等權。

　　美國1776年的〈獨立宣言〉（The Declaration of Independence），由傑佛遜、富蘭克林起草主稿，宣示人生而自由平等，有追求自由、幸福、生存之權利，濫權專制橫霸的

政府，人民有權利推翻。

1919年的德國威瑪（Weimar，位於德國東部來比錫之西南方城市名）憲法，保障自由民主之生存權、社會權等國民主權。

1945年6月26日在美國舊金山（三藩市）所簽訂〈聯合國憲章〉，第1條即標示其宗旨在尊重人民之自由平等與福利之權利。

1948年12月10日之〈世界人權宣言〉（Universal Declaration of Human Rights），共30條文，宣示尊重基本之自由權、生存權、工作權、社會權、文化權等人權。

我國原本憲法及增修條文，對人民自由權利之規範與保障有：

1. 平等權：「中華民國人民，無分男女、宗教、種族、階級、黨派，在法律上一律平等」（憲法第7條）；「國民受教育之機會一律平等」（憲法第159條）；「國家應維護婦女之人格尊嚴。保障婦女之人身安全，消除性別歧視，促進兩性地位之實質平等。」（憲法增修第10條第6項）。
2. 自由權：人身自由（憲法第8條），「人民除現役軍人外，不受軍事審判。」（憲9），「人民有居住及遷徙之自由」，「人民有言論、講學、著作及出版之自由」，「人民有秘密通訊之自由」，「人民有信仰宗教之自由」，「人民有集會及結社之自由」，「人民之生存權、工作權及財產權，應予保障」。（憲10-15條）。

3. **受益權**：「人民有請願、訴願及訴訟之權」（憲16，行政及司法受益權），「人民有受國民教育之權利」（憲21）及國家賠償請求權（憲24）。

4. **參政權**：「人民有選舉，罷免，創制及複決之權」（憲17），「人民有應考試服公職之權」（憲18），及依法有選舉與被選舉之權（憲130）。

　　以上為「列舉」權，但人民自由權利繁多，難以一一列舉，制憲年代時空背景與顧慮兩難，至當今社會之新潮思維與人權照顧保障，法應與時俱進，是故乃有憲法第22條：「凡人民之其他自由及權利，不妨害社會秩序公共利益者，均受憲法之保障」的「概括式」自由權利。

　　有哪些自由權利，是我國憲法未列舉而可能含括於憲法第22條「概括式」的新人權呢？比較簡易求得共識者，有人民對國家政府政治資訊的「知之權利」，對不雅粗俗姓名之申請更改（大法官釋字第399號已解釋），及環保權（空氣、水、森林生態、遊憩景觀），人類自然與人文古蹟等之健康舒適遊賞休閒權利，已於增修條文第10條第2項規範：「經濟及科學技術發展，應與環境及生態保護兼籌並顧」。

　　極為兩難（dilemma）困境，正反（贊成與反對者）兩面爭論不休，僵持不下之「概括」新人權還有：個人私領域之隱私權及對自己生命、身體的處理、家庭之形成與其維持之有關新人權，如合意性交〔通姦〕除罪化；墮胎（殺掉胚胎生命）之Pro-life Side VS.流產（視為婦女對自己身體處理自由權，即Pro-Choice Side）；安樂死（Euthanasia，以「尊嚴」或「辭

退」來自己決定結束生命）；因憲法第15條「人民之生存權應予保障」與23條「必要性之比例原則」所引發之「死刑存廢論」爭議；及同性戀婚姻（對家庭的形成及其維持）之正反兩面的新人權觀點思想。[11]

第三節　中央政府憲政體制類型

當今世界各國中央政府憲政體制類型，依學者專家之研究，通常可歸納有：

一、總統制（Presidential system）；

二、議會內閣制（Parliamentary system）；

三、雙首長制（Hybrid system）又稱半總統制（Semi-presidentialism）或稱混合制；

四、委員制。

以上類型，各有其特色表徵及其優缺點；依據我國憲法權威謝瑞智教授的專精研究及統計分類，在當時（2001年）世界192國之中，總統制國家有82國（美國、阿根廷、巴西、智利、墨西哥、巴拿馬、哥斯大黎加、哥倫比亞、波利維亞；葡萄牙；韓國、菲律賓、印尼、巴基斯坦、伊拉克；埃及、南非、馬拉威、尚比亞、肯亞、象牙海岸、尼日、賴比瑞亞等）。內閣制國家有61個（英國、日本、加拿大、義大利、荷、比、盧、挪威、瑞典、丹麥、新加坡、泰國、馬來西亞、以色列、紐西蘭、澳大利亞等）。雙首長制國家有法國第五共和國與我國等。委員制的國家有瑞士、阿富汗等國。[12]

一、總統制

美國是典型總統制（Presidential system）國家。行政首長爲民選總統，國務員不兼任議員，除總統用咨文向國會陳述意見外，其他政府官員均不列席國會。總統對法案有否決權，總統既無解散國會權，國會亦無提不信任案權。

（一）總統制特徵

1. 負責實際行政責任：總統爲國家元首，亦爲行政首長。
2. 國務員爲總統僚屬，直接對總統負政治責任。
3. 行政與立法互相制衡，國會可利用立法權，牽制行政機關，總統對於經議會通過之法案，得退回議會覆議，此即總統之否決權。

（二）總統制優缺點

1. **總統制優點**：行政機關與立法機關幾乎完全獨立，採行分權制衡，總統爲國家元首，議會不得對總統行不信任案。
2. **總統制缺點**：總統掌握行政大權，總統個人的性格與專斷可能使國家流於專制獨裁；當行政（總統）與立法（國會）意見極端又不合時，易形成政治僵局。

二、議會內閣制

英國是實施議會內閣制（Parliamentary system）國家。首相（總理）與其他國務大臣所組成之內閣擁有實際行政權，國

家元首（如女王或國王）只擁有虛位，內閣是對眾議院（下議院）負責，內閣總理與國務大臣可兼任國會議員，閣員應出席國會接受質詢，因此行政權與立法權連結一起。

（一）內閣制特徵

　　內閣閣員由內閣總理推舉，提請元首任命。內閣總理及閣員至少半數以上由議員兼任，故又稱爲「議會內閣制」。內閣由多數黨議員領袖組成，內閣與議會乃結合在一起；國家元首僅擁虛位，因此內閣負實際政治責任，故又稱爲「責任內閣制」。內閣與國會互相制衡，國會隨時可能追究政府之政治責任，通過對政府之不信任案，內閣即須總辭；惟內閣亦能呈請元首解散國會。

（二）內閣制優缺點

1. **內閣制之優點**：立法與行政能互相結合，因內閣成員是議會議員，使政府的政策能順利完成立法手續實現民意政治，內閣對議會與選民負責，議會得以不信任投票，迫使內閣辭職，而內閣亦得以解散國會。
2. **內閣制之缺點**：破壞分權原則，內閣閣員由議員兼任，類似成爲議會之行政委員會；內閣與議會相互對抗，倘議會之內小黨林立，往往因各黨利害之不同，造成內閣時常更換，政局動盪不定。

三、雙首長混合制

　　我國憲法與法國第五共和國憲法具有雙首長混合制性質。

（一）我國政府國會體制具有總統制之特徵

1. 總統由人民直接選舉，對人民負責。
2. 行政院院長由總統任命。（增修第3條第1項）
3. 立法權與行政權分明，立法委員不得兼任官吏。（憲75）
4. 行政院對立法院決議之法律案、預算案、條約案，如認為有窒礙難行時，得經總統之核可，移請立法院覆議。覆議時如經全體立法委員二分之一以上之決議維持原案，行政院院長應即接受該決議。（增修第3條第2項）

（二）我國政府國會體制具有內閣制之特徵

1. 行政權屬於行政院，行政院會議由行政院長主持。行政院會議有議決法律案、預算案、戒嚴案、大赦案、宣戰案、媾和案、條約案及其他重要事項之權。（憲58）
2. 行政院對立法院負責，行政院院長、各部會首長得出席立法院陳述意見，提出法案。（憲57、58、71）
3. 立法院得經全體委員三分之一以上連署，對行政院長提出不信任案。如經全體立法委員二分之一以上贊成，行政院長應提出辭職，並得同時呈請總統解散立法院（增修第3條第2項）。[13]

（三）雙首長制的優點

　　1.不信任案倒閣權與解散權機制，可化解行政與立法（國會）僵局；2.強化總統權力，較不受國會（立法機關）牽制。

（四）雙首長制的缺點

　　1.總統與閣揆（行政院長）之權力區分不明確，可能爭權引發政爭；2.易形成總統有權無責而閣揆有責無權，不合責任政治之原理。

四、瑞士的委員制

　　瑞士行政大權是由聯邦委員會的七位委員所分享，他們是聯邦國會聯席會議兩院所選任，任期四年，並向國會負責。七位行政委員中，國會選任其中一位擔任主席，他的頭銜是聯邦總統（President of the Confederation），任期只有一年，且不能連任。（瑞士聯邦憲法第95、96、98條）但可以隔屆再被選任，不過總統除了頭銜外，並無特別的權力與地位，職權與其他行政委員完全相同。

（一）委員制的優點

1. 集體領導集思廣益足防專制獨裁。
2. 權位平等可免政爭利用。
3. 委員制符合民主精神，在民主國家，官吏乃受人民委託之公僕，不應與代表人民全體的議會對抗，此亦符合民主原

理。

（二）委員制的缺點

1. 國事曠日廢時討論，難收執行迅速功效。
2. 委員職權平等，難免遇事推諉，責任缺乏明確。[14]

註解

1. 轉引自詹同章，《政治學新義》，頁249-250。

2. 詹子賢，《印度憲法與憲政》，收錄於鄭端耀主編，《印度》，頁25與27。林正順、陳龍騰，《當代國際關係》，頁281。

3. 高德源譯，李帕特著，《三十六個現代民主國家的政府類型與表現》，頁238-239與頁57。

4. 與註3同引書，頁243。

5. 請參閱謝瑞智，《憲法概要》，頁7；王保鍵，《圖解政治學》，頁96；隋杜卿，《憲法與人權》，收錄於陳義彥主編，《政治學》，頁144-145；任德厚，《政治學》，頁561。

6. 陳水逢，《中華民國憲法論》，頁6-8與頁22。

7. 陳新民，《中華民國憲法釋論》，頁24-27。

8. 黃炎東，《中華民國憲法新論》，頁12-13；黃炎東，《新世紀憲法釋論》，頁10-13。

9. 請參閱林紀東，《中華民國憲法逐條釋義》（第一冊），頁2-6與9-15。

10. 與註9同引書，第四冊，頁397-398；李念祖，《動員戡亂時期臨時條款在我國憲法上之地位》，台大法研所碩士論文，69年6月，頁154-155與頁165-166。

11. 請參閱謝瑞智，《憲政體制與民主政治》，頁40-41，〈新的人權〉；謝瑞智，《憲法新論》，頁274-276，〈生存權與死刑〉，〈生存權與安樂死〉，〈環境權〉。

12. 謝瑞智，《世界憲法事典》，頁3；謝瑞智，《比較憲法》，頁407-410。

13. 中央政府憲政體制類型，主要參考　恩師謝瑞智教授，《憲法概要》，頁259-264；《憲法新論》，頁503-529。黃炎東，《憲政

論》，頁220-228，〈各類中央政府體制〉。

14. 彭懷恩，《政治學講義》，頁267-268。

第五章

政黨簡論

第一節　政黨意義與功能

一、政黨定義

1. 英國政治思想家自由黨籍議員柏克（E. Burke）說：「政黨是人們組成的團體，依其所同意之某些政治特定主義，以其聯合之努力，來促進國家之利益。」[1]

2. 美國E. E. Schattschneider言：「政黨首先最重要者，乃是要控制政府權力之指標目的，此乃其與利益團體之區別所在。」[2]

3. 美國William Goodman說：「政黨是全體黨員結合在一起，明確目標在贏得選舉，以運作政府權力，圖享有特殊的影響與利益權威。」[3]

4. 國父孫先生在民國2年於東京演說：「政黨之要義，在為國家造幸福，為人民謀樂利」。[4]

5. 台大薩孟武教授言：「政黨是一部分國民要利用統治權，以實行一定政見而組織的團體。」[5]

6. 政大張金鑑教授說：「政黨是一部分人要以集體的努力奮鬥，爭取民眾控制政府，以實現其共同政治主張，依志願之結合的一種有組織有紀律的政治團體」。[6]

　　按政黨（Party）之語源，來自Part，指全體國民之一部分（Part of a whole）。

　　由以上所引述，吾人似可將政黨之定義歸納如下：

　　政黨是一部分國民，以其政治主張（政策政見）來爭取民眾贏得選舉，而控制政府權力，為國家人民謀幸福樂利的一種政治團體組織。

二、政黨的功能

　　政黨的功能，約有下列十項：

1. 組織並教育選民。
2. 提名黨候選人，並竭力支持其當選。
3. 在平時及選舉時宣布政黨的政策主張。
4. 重視民意，為人民與政府間溝通管道。
5. 協調政府各部門、部會意見。
6. 溝通中央與地方政府間之歧見。
7. 構成國會立法機關多數決。
8. 執政在野政黨相互監督制衡。
9. 使政權依人民選票公決而和平轉移。[7]
10. 消弭黨爭，防止政治動亂：民主立憲國家之黨爭，應為文明之爭，圖國事進步，防止動亂。[8]

第二節　政黨與朋黨及利益團體相異處

　　政黨與朋黨區別相異處：

　　孔子曰：「吾聞君子不黨」（論語述而篇）；又曰：「君子群而不黨」（衛靈公篇）。歐陽修〈朋黨論〉云：「臣

聞朋黨之說，自古有之……後漢獻帝時，盡取天下名士囚禁之，目爲黨人〔黨錮之禍〕；唐晚年，漸起朋黨之論〔牛李黨爭〕……唐遂亡矣」。

又有宋代的新（王安石）舊黨爭，明代的東林黨與其對黨之爭等。因此，國父孫先生言：「從前之黨，視若仇讎；今日之黨，以國家爲本位；今日之黨不比以前的黨派，其根本上絕對地不同」。（政黨之要義在爲國家造幸福爲人民謀樂利）

吾人試圖就古代帝王時期之「朋黨」（clique）與立憲民主的政黨（political parties）加以比較，其相異爲：

1. 組成階層份子：專制上層官僚宦官VS.各階層。
2. 結合基礎：個人關係VS.主義黨綱政策。
3. 爭權方式：依帝王寵信VS.靠人民選舉信任。
4. 活動性質：封閉秘密暗中勾結VS.公開結合。
5. 活動時間：一時短期的VS.持久穩定的。
6. 結合動機：私人意氣爭權奪利VS.爲國家團體公共利益。
7. 政治作用結果：黨爭相斥株連禍害VS.爲國家人民謀幸福樂利。[9]

政黨與壓力（利益）團體區別相異處約有：

1. 政黨要贏得選舉，所以會推出候選人；壓力團體則不一定推出候選人，通常只支持對其團體有利之候選人。
2. 政黨以取政權爲目的，它會全面關心維護人民各階層的利益；壓力團體通常只關心其團體之權益。
3. 政黨關心維護並調處整合國家社會各階層（如勞工VS.企業

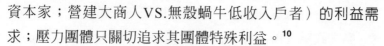

資本家；營建大商人VS.無殼蝸牛低收入戶者）的利益需求；壓力團體只關切追求其團體特殊利益。[10]

4. 任何人可同時參與加入數個壓力（利益）團體（如工商團體，勞工團體，農民團體，教師團體，宗教團體，扶輪社、獅子會、同濟會，醫生、律師、會計師、建築師公會等團體；但原則上，任何人不能同時參與加入兩個政黨，而同時具有雙重黨籍之黨員。

第三節　政黨的類型

　　依據政治學專家學者的研究，政黨的類型約有以下六種分類型態：

1. 內創（造）與外創（造）政黨
   著名法國政治學家Maurice Duverger 在他的經典著作《政黨論》[11]，提出國會內造政黨（Parties created within parliament）與外造政黨（Externally created parties）
   內造政黨是指政黨淵源創發於國會議員的結合形成；外造政黨是經由透過國會外面的社會街頭運動發生，如一些革命建國時期政黨之形成。

2. 骨幹菁英政黨（Cadre party）與群眾政黨（Mass party）此亦Maurice Duverger的分類[12]
   骨幹政黨由上層名流菁英份子領導組成，是強調「質的政黨」形成寡頭領導；群眾政黨為重視「量」的政黨，廣納

吸收所有大眾加入，「永遠與民眾在一起」。

3. 掮客政黨（Broker party）與使命政黨（Missionary party）

掮客政黨只爲了贏得選舉勝利，不重視特別信仰價值使命，他們周旋於各種壓力政黨團體之間，扮演「掮客」角色，尋求妥協與支持，美國民主共和兩大黨即屬之。使命政黨有如傳教士一般，具備強烈的政治信仰主義及特殊神聖價值觀點原則，一些威權主義國家之執政黨屬於此類型。[13]

4. 依對現狀之滿意與否及政治意識形態分類

左派右派源自法國大革命時期的被分類，左派代表激進改革贊成革命；右派比較保守安於現狀；而居於兩者之間者，稱之中間派。隨著時代演進，政黨的光譜型態更分類爲極左，左派；中間派；中間偏右，極右派。

5. 執政黨與在野黨

一個國家政府內，能「執」掌「政」治權力的政「黨」，稱爲執政黨（在朝在位黨）；其他政黨稱做在野黨（或有謂反對黨）。

民國38年（1949）至民國89年，在中華民國台灣，中國國民黨爲執政黨，長期穩定執政五十一年；其他政黨（青年黨、社民黨；民進黨）爲在野黨。民國75年（1986）9月28日，民主進步黨成立，民國89年（2000）的首次政黨輪替，民進黨成爲執政黨；民國97年（2008），國民黨贏得總統大選，再次政黨輪替，又成爲執政黨；民國105年（2016）三度政黨輪替，民進黨再度執政。

6. 依政黨之專制獨裁至自由民主而定型分類

最專制獨裁者，稱之「極權」（Totalitarian）政黨（如納粹，法西斯及史達林統治下之蘇聯共產黨。程度比較輕者稱爲「威權」（Authoritarian）政黨。又有所謂「革命」（建國之前）政黨，革命民主政黨及一般立憲民主國家之自由民主政黨。

以中華民國而言，孫文（逸仙）在1894年於美國檀香山創立之興中會與1905年在東京成立之「同盟會」（當時滿清政府因受傳統中國「黨」〔朋黨、尙黑禍害〕字影響，不准人民組黨，只許集「會」結「社」；所以有興中會、同盟會、華興會、光復會、文學社等排滿革命組織），建國前之會社歸類爲「革命」性質；民國元年8月，孫先生創立「中國國民黨」，屬「民主」政黨，唯袁世凱野心亂法，刺殺宋教仁，孫先生痛心之餘，於「二次革命」成立「中華革命黨」，類屬「革命民主政黨」；及政府播遷來台灣，蔣經國總統開放黨禁，民國85年人民直選總統，已成爲憲政國家自由民主的「民主政黨」。

第四節　政黨體系制度

著名《比較政治學》學者Giovanni Sartori教授，將政黨體制分爲非競爭性的（noncompetitive）一黨制（one party）、一黨霸權制（Hegemonic）與競爭性的（competitive）一黨優勢制（predominant）、兩黨制（Twopartism）、溫和

多數制（Moderate multipartism），極度多黨制（Extreme Multipartism），原子分裂化多黨制（Atomized multipartism）等七種體制。[14]

1. 「一黨制」：常見於專制極權或共產國家，不容其他政黨存在。

2. 「一黨霸權制」：指一個強大執政黨外，其他小黨不具實力來向它挑戰，如西班牙佛朗哥時期；以上兩種體制為非競爭性的。

3. 「一黨優勢制」：指於執政黨外，法制容許其他政黨來競爭政府權力，但實際上難以取代那個很大力量的執政黨。

4. 「兩黨制」：指國家政權長期由兩大黨輪流執政，如美國民主、共和兩黨，互相監督制衡。

5. 「溫和多黨制」：指有3～5個意識形態差距不大的政黨體制。

6. 「極度多黨制」：指有5個以上且存在意識形態差異極大的政黨體制。

7. 「原子分裂化多黨制」：指政黨數目繁多，但沒有一個單獨政黨足以對政治權力體系有太大的影響。

　　多黨制國家（如義大利）的優點是容納多元意見，保障少數黨權益；缺點是通常組成聯合內閣，倒閣頻繁，政局不穩定。

　　哈佛大學政治學大師杭廷頓，非常讚賞「一黨優勢制」的強大穩定與經濟成長（如新加坡人民行動黨，印度國大黨，

1955～1993年的日本自民黨等）。[15]

Sartori 很嚴謹指出，只有美、英、紐西蘭；澳大利亞、加拿大；奧地利等六個國家，可以算為典型「兩黨制」國家。[16]

A. Lawernce Lowell 認為，議會應只要兩個政黨即可，以便永遠產生好結果，他稱讚「兩黨制」為政治上之金科玉律（axiom in politics）。[17]

國父孫先生亦原本推讚「兩黨制」，他在〈政黨之要義在為國家造幸福為人民謀樂利〉的演講上提到：「兩黨互相進退，在位（執政）黨掌握政治之權，在野黨居於監督地位，互相替代，國家之政治方能日有進步」。

Maurice Duverger認為一輪投票單純多數當選制，鼓勵形成「兩黨制」。[18]

曾任美國政治學會1982-83年會長的W. H. Riker也提及所謂的Duverger's law，認為一輪投票單純多數當選制有利於「兩黨制」。[19]

也有所謂「兩個半政黨體系制度」，如二次世界大戰後之德國（西德），社民黨（SPD）與基民、基社聯盟（CDU/CSU）長期無法於國會中單獨取得過半席次，只好聯合第三黨（自民黨或綠黨）的席次支持而組閣，是為很特殊的「兩個半政黨體制」。

在中華民國台灣1949～2000年，由「一黨優勢制」的國民黨（政黨編號第1號）執政；1986年民進黨（編號16號）創立；1993年「新國民黨連線（新黨）」（74號）成立；2000年總統大選前夕，親民黨（90號）創立；2001年「台灣團結

聯盟（台聯）」（95號）相繼成立；2004年「無黨團結聯盟」（106號）創立；2015年又出現「時代力量」（267號）；同年，民國黨（268號）成立；至今，根據內政部網站統計台灣已有三百多個政黨。

註解

1. The works of Edmund Burke，轉引自雷飛龍譯，Giovanni Sartori 著，《政黨與政黨制度》（Parties and Party Systems），頁13。原文爲：Party is a body of men united, for promoting by their joint endeavours the national interest, upon some particular principle in which they are all agreed. Sartori（1924-2017），出身義大利佛羅倫斯（翡冷翠），曾任教佛羅倫斯大學政治系，爲著名之「比較政治學」家，後赴美先後擔任哈佛、耶魯、史丹福、哥倫比亞等美國一流大學教授，著作等身，尤另有一本《比較憲政工程》（Comparative Constitutional Engineering）名著。

2. E. E. Schattschneider, Party Govennment, p. 35.原文爲：A political party is first of all an organized attempt to get power. Power is the objective of party organization. The face that the party aims at control of the government as a whole distinguishes it from pressure groups.

3. William Goodman, The Two-Party system in the United States, p. 6.原文是：A polittcal party is an organization whose members are sufficiently homogeneous to band together for the overt purpose of winning elections which entitles them to exercise governmental power, in order to enjoy the influence, perquisites, and advantages of authority.

4. 《國父全集（全六冊）》，第二冊，《演講》〈政黨之要義在爲國家造幸福爲人民謀樂利〉。

5. 薩孟武，《政治學》，頁604。

6. 張金鑑，《政治學概要》，頁173。

7. 談子民，《政黨論》，頁33-34。

8. 《國父全集（全六冊），宣言》。

9. 參閱雷飛龍，《漢唐宋明朋黨的形成原因》，頁28；張潤書，

《革命民主政黨的理論與實踐》，頁8-9。

10. 彭懷恩，《政治學Q & A》，頁161-162；彭懷恩，《政治學新論》，頁244-245。

11. Political parties: Their Organization and Activity in the Modern State. Trans. by Barbara and Robert North.

12. 同註11前引書，頁63-65。

13. 以上政黨類型，主要參考彭懷恩，《政治學講義》，頁236-238；彭懷恩，《政治學Q & A》，頁188-190；王業立審訂，《圖解政治學》，頁122-125；葛永光，《政黨政治與民主發展》，頁138-141。

14. Giovanni Sartori, Parties and Party Systems, pp. 283 and 285。

15. Samuel P. Huntington, Political Order in Changing Societies, p. 419。陳水逢，《現代政治過程論》，頁187，（一黨優勢制）。

16. 雷飛龍譯，Giovanni Sartori著，《政黨與政黨制度》，頁233與頁376。

17. 高德源譯，Arend Lijphart著，《三十六個現代民主國家的政府類型與表現》，頁73。

18. 同註11所引書，頁205。原文為：The simple-majority single-ballot system encourages [favors] a two-party system.

19. William H. Riker, The Two-Party System and Duverger's Law, pp. 753-754。

選舉制度簡論

第一節　選舉意義及其功能

　　選舉權（Suffrage）是現代民主國家的基本政治權利，選指選擇、精選、細選、圈選；舉乃舉辦、舉優、舉用、拔舉之意；目前每個國家的公民，大多有選舉權。然而，早期的選舉投票是有不少限制，諸如：

1. 教育識字的限制：美國早期限制黑人必須識字始得投票資格。（至1870年的美國增補條文第15條規定：「美國任何公民之投票權，不得因種族膚色，而否定或剝奪之」）。

2. 種族的限制：上述美國外，南非黑人要到1994年才有選舉投票權。

3. 性別（尤指婦女投票權）的限制：美國要到1920年（美國憲法在第19條增補條文：「美國或各州不得因性別關係而否定或剝奪美國公民之投票權」）；英國要到1928年，法國到1944年，沙烏地阿拉伯更是遲晚到2015年才給予婦女投票參政權。

4. 收入財產權的限制：如十九世紀時的英國。

5. 年齡的限制：現今世界各國的選舉權年齡絕大多數都已訂在滿18歲以上，唯韓國訂19歲，諾魯20歲，斐濟、中非、黎巴嫩、沙烏地阿拉伯、東加王國、馬來西亞、新加坡等，都限制要滿21歲，始有投票權。[1]

6. 居住期間的限制：通常限制要在投票地居住滿幾個月（不等），始得選舉。

7. 罪犯：即「褫奪公權」之限制。

　　我國憲法第17條規定，人民有選舉權，第130條規定，國民有選舉及被選舉之權，第134條規定各種選舉，應規定婦女當選名額；第七次增修第10條第6項，國家應促進兩性之實質平等。

　　依據英國政治學者海伍德（Andrew Heywood,1952-）的見解，選舉有下列幾項功能作用：

1. 甄補選拔政治人物（Recruiting politicians）：在民主國家，選舉是甄補政治人物的重要管道，各政黨政團透過選舉，提名優異菁英份子，接受民主選舉的洗禮，進入政治圈。

2. 組成政府（Making government）：包括美國、法國等國家的國家元首、行政首長是透過選民直接選舉產生，並組成政府。

3. 提供代表性（Providing representation）：當選舉公平而有競爭性時，經由選舉方式，使得選民公眾的需求，可以傳達到政府內。

4. 影響政策（Influencing policy）：透過選舉，選民可真正直接影響國家政府政策決定。

5. 教育選民（Educating voters）：競選過程中，提供選民候選人、政黨、政策主張政見、政府政績等豐富資訊知識，且舉辦致力於政治公共利益議題辯論，可產生教育選民效果。

6. 建立政府正當性合法化（Building legitimacy）：經由鼓

勵公民參與政治，賦予選舉具備儀式程序上的地位與重要性，塑造政府統治體系之正當性合法化（Legitimate），即使威權體制亦然。

7. 強化菁英力量（Strengthening elites）：透過選舉政治競爭，無論是在位執政黨或者是在野反對黨的菁英優秀人才，皆可經由參與政治管道而展現強化其菁英力量。[2]

第二節　選舉制度區別分類

世界各主要國家的選舉制度，五花八門，分類繁多，尤其又加上各國的歷史、地域、文化、語言、宗教、政黨意識形態的差異分歧與演化變遷，使得選舉制度更加複雜繁瑣，不易一一瞭解。

茲僅依據Arend Lijphart，以及我國對「選舉制度」有長期專精研究的政治學者吳重禮、王業立、黃炎東、彭懷恩等教授的歸納分類[3]，於此先列表圖示，再一一概介，以便初學者容易瞭解。

單一選區相對多數決或過半數絕對多數決（Relative Plurality or Absolute majority）	相對多數決（Relative Plurality）：	美、英、加拿大、印度、紐西蘭（1946-93）等。
	絕對多數決、兩輪投票制（Absolute Majority or Two ballot system）：	法國第五共和（1986除外）
	選擇性投票制（alternative vote, or preferential ballot）：	澳大利亞

複數選區相對多數決制（Plurality with Multimember-District System）	全額連記法（Block Vote）：	日本（1889）
	限制連記法（limited vote）：	日本（1946）
	單記非讓渡投票制（Single non-transferable vote -SNTV）：	日本（1947-93）

比例代表制（proportional representation）	**名單比例代表制**（list proportional representation）：	荷、比、盧；挪威、瑞典、丹麥、冰島、芬蘭；瑞士、義大利（1946-92）、法國（1986）；西班牙、葡萄牙、希臘、以色列等。
	單記可讓渡投票制（single transferable vote-STV）：	愛爾蘭、馬爾他（Malta）

混合制（Mixed or Hybrid Systems）	聯立制	德國
	並立制	日本

一、「相對多數決制」

　　是指只要候選人的選票領先其他人，即可當選，且不需一定要過半數；又以選區規模（選幾人）的差異，而分單一選區與複數選區的相對多數決制：

（一）單一選區相對多數決制

應選名額只有一名的「勝者全拿」（Winner-Take-All），我國的總統、（省）市長，縣市長，鄉鎮長等各級政府首長選制，即屬於這一種。

（二）複數選區相對多數決制

選區應選名額多於一（大於一）時，乃所謂「複數選區」；通常應選名額2～5名，稱「中選區規模」；應選名額為6名或以上者，屬稱「大選區規模」；選舉開票，依應選名額多少，候選人以得票高低依次當選。此制依可圈選候選人數目之不同，又分為：

1. 全額連記制（Block Vote）：指複數選區中，應選名額幾人，選民即可圈選幾人的方式。
2. 限制連記制（Limited Vote）：指選民可圈選的人數，少於應選名額制度。
3. 單記非讓渡投票制（Single Non-Transferable Vote）：指不論應選名額若干，每位選民只能圈選投一票（單記）的方式；所謂「非讓渡制」，是指不論候選人得到多少選票，都不能將多餘選票移轉讓渡給其他候選人之制度；而有別於愛爾蘭、馬爾他等國實施的「單記可讓渡投票制」（Singe Transferable Vote）。

在過去，日本是最先使用「單記非讓渡投票制」的國家，我國與韓國亦然。唯南韓於1988年，日本在1994年已先後廢除此制度。[4]

二、「絕對多數決制」（Absolute Majority）

是指當選人之票數要超過有效選票一半的制度，又分為兩類：

（一）兩輪投票決選制（Two-Ballot System or Runoff Election）

選舉在第一輪投票後，如有候選人已得過半數選票，則已獲勝；但如沒任何候選人得過半數，則在第一輪獲得最高較多票的前兩位得票候選人，要在選舉法規日數內，如法國規定次一星期日[5]；我國於民國39年至40年的第一屆縣市長選舉法規，規定二十天內[6]再舉辦第二輪投票。由於此時只剩兩位候選人的簡單多數決（Simple Majority），自然會產生得到半數以上的有效票數當選人。

之所以採用「兩輪決選過半多數當選制」之理由目的是希望避免「少數」（minority）總統、首長、代表而發生其民意代表性不足的問題出現，亦即要確保穩固其統治基礎。

法國第五共和國是採用「兩輪決選制」最有名的典型例子國家；其他在多數拉丁美洲國家、俄羅斯等國家的總統選舉，也是採行兩輪投票決選制。

目前世界上總統由人民選出的國家，採用「兩輪決選制」的，遠較多於採行「一輪投票決」的國家；而我國的總統由人民直選制是採行「一輪投票決」，但是前述於民國39年至40年，我國舉辦的第一屆縣市長選舉，卻是採用過一次「兩輪投票決選制」。[7]

　　第一屆縣市長的「兩輪投票絕對多數當選制」，在苗栗出現極激烈而離奇的過程：40年4月1日，舉行第一輪投票，黃運金（日後「劉黃演義」之黃派掌門人）總得票數最多，勝過第二名的劉定國，但黃的得票率只占總投票數之48.8%，未達當時〈縣市長選罷規則〉第27條：「縣市長之選舉，以有全縣市過半數公民之投票，得票超過投票人總數之過半數者為當選。」（極嚴格之雙重過半數法規）；又因此17條後項規定，「應就得票較多之前兩名候選人，於二十日內舉行第二次選舉，以得票較多者當選」。第二次投票，劉定國反而贏過黃運金，劉的得票率50.2%，應獲當選。唯劉定國當時仍為現役軍人，未辦妥退役手續，依當時法規，黃運金告上法院，最後高等法院判決劉定國當選無效。

　　黃、劉先後未當選，出乎意料，非執政當局所樂見，乃協調雙方不要再投入繼續本屆縣長競選。第三次由黃焜發、李白濱等七人投入選舉，投票當天下大雨，投票率僅有38%，未過半數，選舉無效。同年7月22日舉辦第四次投票，仍是皆未過半數，無人當選。7月29日，舉行第五度投票，透過巧妙運作，黃派不樂見傾劉派的李白濱出現，乃傾全力扶助較少派系色彩而為黃派大將之林為恭（日後之苗栗第四、五屆縣長）所支持的賴順生；於是，賴順生成為苗栗縣第一屆縣長。

　　法國第五共和總統的「兩輪投票過半多數當選制」，更出現奇妙有趣的選舉過程與結果。法國第五共和的戴高樂（Charles de Gaulle）於1962年透過公民複決，將總統選舉改為公民直選且「兩輪投票過半數當選制」。

　　然而，在1981年的大選，第一輪投票結果，前兩名之季斯卡（Giscard）以28.3%勝過密特朗（Francois Mitterrand）的25.8%；繼續第二輪投票，只剩兩人之簡單多數決（Simple majority），竟然翻轉為**密特朗**以51.8%贏過季斯卡的48.2%而奪得總統寶座。1995年又發生一次，第一輪投票得票較多之前兩名的喬斯潘（Jospin）以23.3%勝過席哈克（Jacques Chirac）的20.8%；再行第二輪投票，居然又翻轉而由席哈克的52.6%贏過喬斯潘的47.4%，**席哈克**當選總統。[8]

　　從另一個角度思考研究，我國的總統與直轄市市長等之選舉，是採用「相對多數當選制」；比如民國83年（1994）的台北市長選舉結果，陳水扁得票率約44%，趙少康約30%，黃大洲約26%，由陳水扁當選。而民國89年（2000）的總統大選，陳水扁得票率39.3%，宋楚瑜36.84%，連戰23.1%，許信良0.63%，李敖0.13%，陳水扁在驚險中當選。

　　一些對選舉制度有長期專精研究的學者教授深思提及，如果我國是採行法國式的「二輪投票絕對多數當選制」（當今世界上，由人民選舉總統的國家，採行絕對多數當選制的，遠多於採用相對多數當選制）[9]；那麼，1994年的台北市長選舉，與2000年的總統選舉，結果當選人是否會不一樣？

（二）選擇投票制或稱「偏好投票制」

　　這是澳大利亞眾議員的選制，開票時，如無任何候選人得到「第一偏好票」的過半數，就將獲得「第一偏好票」最少之候選人刪除，而將其選票依「第二偏好」移轉給其他候選人，

此轉移過程持續進行,一直到有候選人得過半數選票贏得勝利為止。

讓我們舉一個簡例說明:假定有4名候選人(甲、乙、丙、丁)在選民的第一順位偏好,分別獲得41%、29%、17%與13%的選票;由於沒有候選人在第一順位偏好取得絕對多數,於是候選人丁被刪去。讓我們又假定,在丁所得的選票之第二順位偏好皆投給丙;經計算後,丙現在擁有30%的選票;甲是41%,乙是29%。於是乙被刪去,使得剩下甲與丙的競爭,他們之中有一人會得過半絕對多數選票而當選。

此過程一次刪去一位得票最少之候選人,選民只要一輪投票而持續移轉過程即可,也就是不需再有數天後之「第二輪投票」,所以被視為法國式「兩輪投票絕對多數當選制」的改良模式。[10]

三、比例代表制

比例代表制是當今實行於歐陸國家的選舉制度,比利時早在1899年就實施,成為第一個採用比例代表制的國家。顧名思義,比例代表制在強調「比例的代表性」(Proportionality),期望各政黨(尤指小政黨)能在議會中所應有的席次比例,而且要儘量符合各政黨在選舉中所得致之選票比例。

相對於兩大黨制,比例代表制的優點,即在維護小黨權益,凸顯政黨色彩而淡化個人色彩,讓小黨比較有機會存活,反映多元少數民意,而且選民有較多選擇,不必擔心只有兩大

黨出頭而浪費手中選票。

　　由於歐陸國家所採用之比例代表制，主要的計票公式有（一）最大餘數法（Largest Remainder system）：當選基數有1.黑爾基數（Hare quota）；2.哈根巴赫基數（Hagenah-Bischoff quota）；3.族普基數（Droop quota）；4.因皮立亞里基數（Imperiali quota）；（二）頓特最高平均數法（d'Hondt Highest Average System）；（三）聖拉葛最高平均數法（Sainte-Lague Highest Average system）。乃數學統計家提出的記票公式與當選基數，極為複雜而不易瞭解，茲不贅述，敬請鑒諒。

四、混合制（聯立制與並立制）

　　「聯立制」是以第二票（政黨得票率）為準來決定各政黨應得總席次，扣除各黨在單一選區已當選的席次，再來分配比例代表席次。而「並立制」則是政黨依其政黨得票率直接分配比例代表名額，與各政黨在區域選區中已當選席次多寡無關。[11]

　　我國從2008年之第七屆立委，開始採用「單一選區兩票並立制」，選民可投兩票，一票投區域立委候選人，依相對多數決產生；另一票投政黨，各政黨依其政黨票之得票率來分配席次。既促進兩大黨競爭，也照顧到弱勢小黨及反映多元民意。依據英國「比較選舉制度」學者Pippa Norris（1953-）的分析統計，在他的研究世界一百七十個國家中，採行所有「多數當選制」的國家最多，占83國；其次所有「比例代表制」的國家占61國；而所有「混合制」國家，占26國。[12]

註解

1. 請參閱https://zh.wikipedia.org/wiki/各地投票年齡列表。

2. Andrew Heywood, Politics, p. 213.

3. 請參閱Arend Lijphart著，高德源譯，《三十六個現代民主國家的政府類型與表現》，頁161-162；吳重禮，《政黨與選舉》，頁298-299；王業立，《比較選舉制度》，第二章〈民主國家的選舉制度〉；黃炎東，《選舉制度之研究》，頁40-51；彭懷恩，《比較政治新論》，頁203-214。

4. 王業立，同註3所引書，頁20-21與頁176。

5. 法國第五共和憲法第7條。

6. 〈第一屆縣市長選罷規則〉第17條。

7. 趙永茂等著，《中華民國發展史（政治與法制）》，頁288；王業立，《比較選舉制度》，頁23與頁95。

8. 王業立，同註7前引書，頁70-71。

9. 傅恆德，〈絕對多數制有代表性正當性〉，聯合報，86年7月15日，11版。

10. Arend Lijphart著，張慧芝譯，《選舉制度與政黨體系》，頁26。

11. 王業立，《比較選舉制度》，2006年4版，頁17-25與頁34-35。梁世武等，《21世紀台灣投票記錄》，頁6，〈單一選區兩票制之種類〉。

12. Pippa Norris, Electoral Engineering: Voting Rules and Political Behavior, p. 85.

立法機關國會

第一節　民主國家的國會

一、國會定義及稱謂

　　世界各國的立法機關，通常稱作國會，唯其稱謂並不一致；英國稱之「巴力門」（Parliament），美國稱作Congress，法國稱為「國民會議」（National Assembly），德國稱為Bundestag（聯邦眾議會）與Bundesrat（聯邦參議院）等。

　　我國現行憲法上未有「國會」一詞，唯於民國43年底，我國欲申請入會「世界各國議會聯盟」（Inter-Parliamentary Union），乃發生我國究應由何機關代表「國會」之爭議[1]；其後於民國46年5月3日，作成大法官釋字第76號解釋文：「我國憲法係依據孫中山先生之遺教而制定，於國民大會外並建立五院，國民大會代表全國人民行使政權，立法院為國家最高立法機關，監察院為國家最高監察機關……雖其職權行使方式，不盡與各民主國家國會相同，但就憲法上之地位及職權之性質而言，應認國民大會、立法院、監察院共同相當於民主國家之國會。」[2]

　　立法機關國會乃基於權力分立（三權或五權）而設，是由眾多的議員組成之合議制機關，議員形式地位平等，通常以投票方式來得到多數決議。

二、國會的職權功能

　　世界民主國家之立法機關國會的職權功能，約有下列幾項：

（一）民意代表功能

　　國會為國家政府民意機關，議員（立法委員）反映選民的意見及權益，監督政府行政部門；如我國憲法第62條：「立法院……代表人民行使立法權」。

（二）立法制定法律

　　立法機關，顧名思義就是在制定法律；以我國立法院而言，憲法第62條：「立法院為國家最高之立法機關，由人民選舉之立法委員組織之，代表人民行使立法權」；第63條：「立法院有議決法律案、預算案……之權」；第170條：「本憲法所稱之法律，謂經立法院通過，總統公布之法律。」

（三）監督國家預算職權功能

　　國會立法機關負責審查及刪改國家預算，在為人民看緊荷包。我國憲法第63條：「立法院有議決法律案、預算案……之權。」

（四）傳達民意訊息而負政治教育功能：

　　立法機關常透過對行政部門之質詢或舉辦公聽會等，傳

達民意給政府施政做參考或採納，深富社會溝通及政治教育功能。我國憲法第67條：「立法院得設各種委員會；各種委員會得邀請政府人員及社會上有關係人員到會備詢」。第71條：「立法院開會時，關係院院長及各部會首長得列席陳述意見」。

（五）提出不信任案另推選新閣揆

內閣制國家，可通過不信任案，迫使當任首相或總理去職下台，另行再推選新首相（總理）。我國現行憲法增修條文第3條第2項：「立法院得經……對行政院院長提出不信任案……如經全體立法委員二分之一以上贊成，行政院院長應於十日內提出辭呈」。

（六）國會彈劾案

一些國家的立法部門也具備有準司法職權功能，比如美國的國會擁有權力彈劾聯邦政府的任何官員，含括總統、副總統和內閣閣員等；美國憲法第1條（立法部門）第3項參議員（The Senate）第6款：「參議院有審判一切彈劾案之權」（The Senate Shall have the sole power to try all Impeachments.）。我國現行憲法增修條文第2條第9項：「立法院提出總統、副總統彈劾案，聲請司法院大法官審理，經憲法法庭判決成立時，被彈劾人應即解職」；第4條第6項：「立法院對於總統、副總統之彈劾案……聲請司法院大法官審理」。

（七）人事同意權

　　行政部門在任命某些官員，必須得到國會部門的同意。比如美國憲法第2條（行政部門）第2項（總統權力）第2款：「總統提名大使、公使、領事、最高法院法官及美國政府其他官員，需經參議院之建議勸告及同意而任命之。」我國現行憲法增修條文第5條：「司法院設大法官十五人，並以其中一人為院長，一人為副院長，由總統提名，經立法院同意任命之」；第6條：「考試院設院長、副院長各一人，考試委員若干人，由總統提名，經立法院同意任命之」；第7條：「監察院設監察委員二十九人，並以其中一人為院長，一人為副院長，任期六年，由總統提名，經立法院同意任命之」。

三、立法機關國會結構院制

　　世界各民主國家之立法機關國會，其結構組織，有採行一院制（Unicameral System）者，也有採用兩院制（Bicameral System）的。

　　凡是由民選的議員組成一個團體，單獨行使國家最高立法權者，稱作「一院制」；而由人民選舉或其他方式產生之議員組成兩個議院，分別開會行使國家之立法權，在兩者之議決一致時，始發生效力者，稱為「兩院制」；約有三分之二大多數的民主先進國家，是採用「兩院制」的。

　　兩院制的議會（國會），一院是代表國民的，稱之平民院（House of Commons）、眾議院（House of

Representatives），下議院（The Lower House）或第一院（The First Chamber）；另一院則稱作貴族院（House of Lords）、參議院（The Senate）、上議院（The Upper House）或第二院（The Second Chamber）。

在大多數民主兩院制的國家，通常代表人民的下議院（眾議院）的權力大於上議院（參議院）；唯獨美國是例外，其參議院仍有很大權力。

美國聯邦憲法第1條第1項：「本憲法所授與之立法權，均屬於由參議院及眾議院組成之國會。」（All legislative Powers herein granted shall be vested in a Congress of the United States, which shall consist of a Senate and House of Representatives.）

加拿大1867及1982年的憲法界定國會「由女王，上院式的參議院，以及眾議院所組成（consisting of the Queen, an Upper House styled the Senate, and the House of Commons.）[3]

日本國憲法第42條：「國會以眾議院及參議院之兩院構成之。」

法國第五共和憲法第24條：「國會包含國民議會及參議院。」

德國基本法（The Basic Law, 1949年5月23日公布，1990年10月3日德國統一）第三章聯邦眾議會The Federal parliament（Bundestag），第四章聯邦參議院（Bundesrat）。

瑞士聯邦憲法第二章聯邦議會（The Federal Assembly）第71條：「聯邦議會由兩院（國民院、國家院）組成之。」

印度立法機關聯邦議會採上、下兩院制，上院聯邦院代表

各邦，下院稱作人民院（House of the people），代表人民；是由英國兩院制會議傳統引進而來。[4]

　　以上所舉美、加、日、法、德、瑞士、印度等國，皆屬民主國家強勢（strong）或中等強度（medium-strength）度的「兩院制」。[5]

　　主張「一院制」或「兩院制」者，各有其理由及優缺點。贊成「一院制」者，認為其優點理由為：1.只要一院組織單純，國家政治權力可集中；2.議會通過效率較高，可節省時間、心力及國家預算經費；3.責任清楚明確。「一院制」的缺點是：1.代表性較不足，不若兩院；2.立法難免流於衝動武斷，因議決匆促而過於草率、疏忽。

　　贊成擁護「兩院制」的理由優點是：1.兩院擴大了代表性，表達人民與各州的權益，兼顧中央與地方利益，如美國；既保護平民權益，也能照顧到特殊團體（貴族）利益，如英國；2.兩院更充分的人力、時間審議法案，與一院制互相制衡，多方考量，集思廣益，避免一院制之專斷輕率；3.有兩院可揭發政府弊端缺失，以牽制政府部門龐大權力。

　　「兩院制」的缺點有：1.兩院制互相牽制，造成審議法案之複雜困難性，拖延耽誤立法行程，效率不彰；2.兩院意見衝突，出現歧見時，可能導致政治僵局；3.形成政治責任不明。

　　至於我國在五權憲法體制下，到底是一院制、兩院制或三院制，歷來爭議不休，依據大法官釋憲第76號解釋，我國似形成三院制（國民大會、立法院、監察院）；唯在民國81年之我國憲法第二次增修條文第15條：「監察委員由總統提名，經國

民大會同意任命之」；與82年7月23日之大法官釋字第325號解釋文：「監察院已非中央民意機構」及現行第七次增修條文第7條第3項：「監察委員由總統提名，經立法院同意任命之。」更且在民國89年4月之第六次增修條文第1條第4項：「國民大會代表任期至中華民國八十九年五月十九日止」，表示國大代表之歷史任務，大功完成，至此告一段落。亦即，依憲法增修條文規定，我國之國會院制，已確定為立法院一院制之單一國會。

Arend Lijphart在其經典鉅著《三十六個現代民主國家的政府類型與表現》，分析統計有23個國家（英、美、加、德、奧、法、義、瑞士、愛爾蘭、荷蘭、比利時、西班牙、日本、印度、澳大利亞等），屬於「兩院制」國家，接近占有2/3；一個半國會有二國（挪威，1991年前的冰島）；以及盧森堡、葡萄牙、芬蘭、希臘、丹麥、以色列、紐西蘭、哥斯大黎加、馬爾他、模里西斯、韓國等11國為「一院制」國家，占有不到1/3。[6]

第二節　行憲後之我國立法院

民國35年（1946）12月25日制憲國民大會通過我國憲法，36年1月1日國民政府公布，同年12月25日施行。

依中華民國五權憲法產生之首屆立法院計有760位立法委員，於37年（1948）5月7日，集會於首都南京，經過預備會議，制定議事規則，在5月18日正式開會，是為行憲第一屆立

法院第一會期第一次會議。[7]

　　第一屆立法委員，依據憲法第64條規定選出的委員[8]，計有760位：

區別	姓名
江蘇省	林棟、仲肇湘、汪寶瑄、牛踐初等。
浙江省	陳立夫、樓桐孫、陳蒼正、倪文亞等。
安徽省	劉真等。
江西省	梅汝璈、彭醇士等。
湖北省	劉先雲、鄧翔宇、胡秋原等。
湖南省	朱如松、楊幼炯、鄧公玄、蕭贊育、莫萱元、邱昌渭等。
四川省	李公權、皮以書等。
河北省	張寶樹、吳延環、陳紀瀅、崔書琴等。
山東省	張靜愚、杜光塤、傅斯年、楊寶琳等。
山西省	張子揚、鄧勵豪等。
河南省	張金鑑、李雅仙、劉錫五等。
青海省	丑輝瑛等。
福建省	丘漢平等。
台灣省	黃國書、蔡培火、鄭品聰等。
廣東省	吳鐵城、鄭彥棻、陳紹賢、梁寒操等。
廣西省	黃紹竑等。
雲南省	楊家麟等。
貴州省	谷正鼎、劉健群、張道藩等。
遼寧省	周慕文等。
安東省	關大成等。

區別	姓名
遼北省	梁肅戎等。
吉林省	程烈等。
黑龍江省	郭德權等。
熱河省	趙自齊等。
察哈爾省	童冠賢等。
綏遠省	莫淡雲等。
新疆省	愛美娜等。
南京市	劉百閔等。
上海市	王新衡、顏惠慶、馬樹禮等。
北平市	成舍我、王藹芬等。
天津市	王任遠等。
大連市	汪漁洋、侯庭督等。
廣州市	孫科、吳尚鷹等。
瀋陽市	金紹賢等。
僑民	李繼淵等。
職業團體	端木愷、吳望伋、陸京士、王世憲、黃少谷、程滄波、胡健中等。

　　民國38年（1949）年底，大陸淪陷；民國39年（1950）2
月，立法院隨著國民政府中央播遷來台，繼續行使立法權；當
時來台立委有557位。[9]39年3月1日，蔣中正先生在台北總統府
宣布復行視事，並發表復職文告。43年1月29日，司法院大法
官釋字第31號解釋文：「值國家發生重大變故，事實上不能依
法辦理次屆選舉時，……在第二屆委員未能依法選出集會與召

集以前，自應仍由第一屆立法委員，繼續行使其職權」。

58年舉辦增補選立委，計有劉闊才、謝國城、梁許春菊、黃信介等十一位。

61年、64年、69年（原應於67年底舉辦之增額立委選舉，因中美中止邦交，總統發布緊急處分令，暫時停止選舉）、72年、75年、78年共有六次之增額立委選舉。

79年6月21日，大法官釋字第261號解釋文：「為適應當前情勢，第一屆未定期改選之中央民意代表，應於八十年十二月三十一日以前終止行使職權」。

80年12月31日，因當時情勢時代背景及政治現實與代表性政治道德因緣，43年未曾改選之資深立法委員，應該是功成身退，終於來到謝幕的時候。同年4月也廢止實施43年的「動員戡亂時期臨時條款」。

81年（1992）1月，立法院三讀通過增訂立法院〈立法院組織法〉條文，正式設立立法院黨團辦公室；依現行「立法院組織法」第33條：「黨團辦公室由立法院提供之」，正式將黨團設入立法院組織，給予黨團在立法院之正當合法地位。81年11月，選出第二屆立法委員161人，於82年2月1日宣誓就職，我國立法院邁向歷史新頁。自民國37年5月的第一屆（立法委員）至目前第九屆的歷屆立法院長姓名：

孫科（37年5月～同年12月）。

童冠賢（37年12月～38年10月；38年10月～39年12月，劉健群副院長代理院長）。

劉建群（39年12月～40年10月；40年10月～41年3月，黃

國書副院長代理院長）。

張道藩（41年3月～50年2月）。

黃國書（50年2月～61年2月；61年2月～同年4月底，副院長倪文亞代理院長）。

倪文亞（61年5月～77年12月，長達十六年又七個月；77年12月～78年2月，由副院長劉闊才代理院長）。

劉闊才（78年2月～79年1月；梁肅容副院長於79年1月～2月代理院長）。

梁肅容（79年2月～80年12月31日；80年12月31日～81年1月由劉松藩副院長代理院長）。

劉松藩（第二、三屆，81年1月～88年1月31日）。

王金平（第四～第八屆，88年2月1日～105年1月31日，長達整整十七年，爲我國行憲史上，擔任最長久時間的立法院長）。

蘇嘉全（第九屆，105年2月1日～）。[10]

依據原本憲法及日後之增修條文、大法官釋憲與立法院職權行使法等，我國目前仍由人民選出立法委員計有113位，代表人民行使國家最高立法機關國會立法權之單一國會立法院及立法委員之職權功能約有：

（一）院會總質詢、委員會質詢：憲法第57條第1項：「立法院立法委員有向行政院院長及各部會首長質詢之權」；第67條：「立法院各種委員會得邀請政府人員及社會上有關係人員到會備詢」。

（二）議決法律案、預算案、條約案等：憲法第63條：

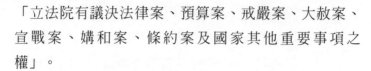

「立法院有議決法律案、預算案、戒嚴案、大赦案、宣戰案、媾和案、條約案及國家其他重要事項之權」。

（三）爲選區人民服務：憲法第62條：「立法院由人民選舉之立法委員組織之，代表人民行使立法權」；增修條文第4條第1項規定各選區名額分配立委人數113位及任期4年。

（四）憲法修正案：依憲法第174條第2款程序及〈立法院職權行使法〉第14條規定。

（五）對總統、副總統之彈劾案及判決成立之解職：依增修條文第2條第9項與第4條第7項規定程序。

（六）總統發布緊急命令提交立法院追認權：依增修條文第2條第3項處理。

（七）總統、副總統之罷免案與副總統缺位時之補選：依增修條文第2條第8項之經立法委員提議，提出程序；與同條第7項由立法院補選之規定。

（八）覆議權：依增修條文第3條第2項第2款程序。

（九）對行政院長提出不信任案：依增修條文第3條第2項第3款及第2條第5項程序處理。

（十）領土變更案：依增修條文第4條第5項程序處理。

（十一）聽取總統國情報告：依憲法增修條文第4條第3項：「立法院於每年集會時，得聽取總統國情報告」。

（十二）行使人事同意任用權：依憲法第104條：「監察院

設審計長，由總統提名，經立法院同意任命之」及增修條文第5條（對司法院大法官）、第6條（對考試委員）、第7條（對監察委員）之同意任命權。

（十三）文件原本調閱權：依大法官釋字第325號、第585號解釋文及〈立法院職權行使法〉第八章「文件調閱之處理」。

（十四）舉辦公聽會：依憲法第67條第2項相關規定及〈立法院職權行使法〉第九章「委員會公聽會之舉行」辦理。

（十五）審查行政命令：依〈立法院職權行使法〉第十章「行政命令之審查」程序。

（十六）審查請願文書：依〈立法院職權行使法〉第十一章「請願文書之審查」規定辦理。

（十七）黨團協商：依〈立法院職權行使法〉第68與69條規定：「為協商議案或解決爭議事項，得由院長（院長因故不能主持時，由副院長主持）進行黨團協商。」

（十八）解決中央與地方權限爭議權：依憲法第111條規定處理。

註解

1. 林紀東，《中華民國憲法逐條釋義》，第一冊，頁385。
2. 立法院法制局增補，《司法院大法官解釋彙編》，頁29（釋字第76號解釋文）及頁279-281（釋字第325號解釋文）。
3. 王曾才，《加拿大通史》，頁113。
4. 詹子賢，《印度憲法與憲改》，收錄於鄭端耀主編，《印度》，頁23。
5. 高德源譯，Arend Lijphart著，Patterns of Democracy: Government Forms and Performance in Thirty-Six countries, p. 199。
6. 同註5，頁199-200。
7. 羅成典，《立法院風雲錄》，頁16。
8. 立法院編印，《第二屆立法委員名鑑》，頁163-169，附錄，表一（第一屆立法委員當選名單）。
9. 同註8所引書，立法院劉院長序文。
10. 同註8所引書，頁159-161，附錄，〈行憲後立法院歷任院長一覽表〉；黃秀端、陳中寧、許孝慈，《認識立法院》，頁13，〈歷屆立法院院長〉（1948-2016）。

第八章

國際關係與國際組織

第一節 國際關係

一、何謂國際關係

國際關係是政治學（政治科學）範圍的分支領域，它是多元學科（包含政治、外交、經貿、國防軍事戰略、史地、國際法、國際組織、各國種族、社會、人類、心理、文化交流等）之科際整合（inter-disciplinary integration）關係的學科知識，在研究不同時地反映超國家界線的各國、區域、團體組織，甚至個人菁英（政治、外交、經濟、國防軍事專家學者）之間的官方與非官方（民間）角色（actors）互動（interactions）及議題（issues）。包含理想與現實主義觀點、外交政策、經貿衝突，國家權力與利益、兩極與多極、全球南北經濟差異對抗、依賴與互賴、結盟與不結盟（中立）、領土主權紛爭、民族宗教、恐怖主義、媒體輿論國際宣導、環境生態保護，國際兒童、婦女等人權、全球化、國際安全、戰爭與和平（之國際體系international system）等交互行為關係。[1]

二、國際關係與國際政治差異區別

國際關係與國際政治這兩個名詞經常被交互使用，不過，兩者還是有差異區別。

1900年，蘭斯（Raul Samuel Reinsch）以《十九世紀末之世界政治》（World Politics at the End of the Nineteenth Century）作為其撰述出版書名；1919年，英國威爾斯大

學（University of Wales）的Aberystwyth College設立了國際政治「威爾遜紀念講座」（Woodrow Wilson Chair of International Politics）；後來之學者著作，則多使用「國際關係」（International Relations）；1933年，舒曼（Frederick L. Schuman）用「國際政治」作爲其著作名稱，在三十三年之間，不同的學者使用三個名稱作爲書名。

雖然「國際關係」和「國際政治」經常交互使用，但兩者意義是有區別不同的：

（一）兩者的範圍領域不同

國際關係的範圍領域涵蓋很大，包括國際政治、國際組織、外交政策、比較政府政治、國際政治經濟學、區域研究、國際戰略研究、國際法等，不止於政治問題，比如國際組織（紅十字會、綠色和平組織），國際經濟跨國公司等，都在國際關係研究範圍。相對地，國際政治討論研析只限於各國政治互動關係。亦即，**國際關係概念大於國際政治**。

（二）兩者觀點解釋不同

早期使用「國際關係」代表自由開明的理想主義（idealism）；二次大戰結束後，政治「權力」成爲一種國際政治現實主義（realism）的解釋「典範」（paradigm），比如Hans J. Margenthau（摩根索）在1948年首次出版發行的經典鉅著《國際政治學》（Politics among Nations），即一再強調國家權力，國際權力爭權鬥爭之現實主義。

（三）在國際社會注重上的不同

　　「國際關係」比較注重全球體系之多方面，包括很多國家、國際組織、國際經濟跨國公司等；相對地，「國際政治」偏重於國家與國家之間的個別政治關係[2]。

三、國際關係學科起源及初期理論（典範）（paradigm）

　　「國際關係」的教學始於1919年，至今（2018）還未滿100週年，當年在英國威爾斯大學（University of Wales）的Aberystwyth College開立了國際關係（政治）課程。在第一次世界大戰（1914-1918的歐戰）至第二次世界大戰前後，出現了自由主義/理想主義（Idealism）與現實主義（Realism）的國際關係理論之爭辯。第一次世界大戰結束，自由/理想主義是當時研究國際關係（政治）的學術理論，代表人物是1913-21年的美國第二十八任總統，曾獲1919年諾貝爾和平獎的威爾遜（Thomas Woodrow Wilson，1856-1924）。他在1918年 1月，於美國國會上演講，提出的「十四點和平原則」（The Fourteen Points principles for peace），包含：1.無祕密外交（No private diplomacy）；2.航海自由（Freedom of navigation）；3.限制軍備（Reduce armaments）；4.調整對殖民地宣稱所有權（Adjustment of all colonial claims）；5.民族自決（Autonomous determination）；6.成立國際聯盟（A general association of nations[League of Nations]muse be formed）等。[3]

　　由於日本占領中國東三省，義大利法西斯與德國納粹的出現，過分強調「自由理想主義」的國聯衰微，起而代之的「現實主義」理論逐漸興起。

　　現實主義的代表人物有摩根索（Hans Morgenthau, 1904-1980）、肯楠（George Kennan, 1904-2005）、季辛吉（Henry Kissinger, 1923-）等。[4]

　　Morgenthau在1948年出版的經典鉅作《國際政治學》（Politics among Nations）一再強調國際政治是現實主義下的權力鬥爭。[5]

四、為何要研習國際關係

　　吾人研習「國際關係」價值目的在：

1. 取得一般性國際知識，以從事外交工作來說，學習國際知識成為應對得體、靈活圓融的外交官員；對從事專精研究的人來說，國際關係知識的取得是一種根本基礎。
2. 戰爭與和平是國際關係的永久主要問題，學習國際關係，明白國家相處之道，以消弭戰爭，維護和平。
3. 近現代民族國家，進到歐洲海上強權時代，再進入美、蘇兩極及蘇聯解體後的一超（美國）多強（歐盟、中國、俄羅斯、日本、德國、英、法等），在思索人類發展方向時，國際關係知識是有其助益。
4. 學習國際關係以處理特定的問題，國際問題涉及各國的法規、國際組織的角色以及各國的政策評估和國家利益等問

題。

5. 累積知識，對國際關係的研究，從不同的角度去探討問題，讓決策者從各種方向去考慮對策，為研究者和決策者提供了許多的便利。[6]

第二節　國際組織

　　國際組織類型主要有國際政府組織（IGO），比如北約（NATO）、美洲國家組織（OAS）、世貿組織（WTO）等及國際非政府（民間）組織（INGOS），例如國際奧林匹克運動會（IOC）、國際特赦組織（Amnesty International）等兩大範疇。

　　如以成立宗旨、功能而言，又可分為政治性、經濟性、軍事性及其他類的國際組織。

　　而再就區域來分，則可分為全球世界性及區域性的國際組織。

　　以下就成立先後順序簡略概介最有名而重要的國際組織：

一、國際紅十字會（International Red Cross）

　　1859年瑞士人杜南（J. H. Dunat, 1828-1910, 1901年首屆諾貝爾和平獎得主）提議救護戰爭受傷軍民，1863年在瑞士日內瓦成立此會，以「白底紅字」為會旗標誌。

二、國際奧林匹克委員會（International Olympic Committee）

1894年法國人顧柏廷（Pierre de Coubertin）在巴黎創立，會旗藍、黃、黑、綠、紅五色代表世界五大洲，其格言信條為「更快、更高、更強」，目前會員國近200個。

三、國際聯盟（League of Nations）

1918年1月8日，美國總統威爾遜（Thomas Woodrow Wilson）提出結束歐戰（第一次世界大戰）及維護國際和平的聯盟，1919年4月28日在巴黎和會通過。聯合國1945年成立後之隔年，1946年4月18日國際聯盟正式解散。

四、大英國協（British Commonwealth of Nations）

1926年大不列顛與各自治領組成，英王僅為名義象徵性元首，各自治領在內政、外交上自主。1997年後已轉型為團結的經濟貿易組織。

五、聯合國（United Nations, UN）

1945年6月26日國際50個創始國家代表（後波蘭補簽共51國）集會於美國舊金山正式簽署《聯合國憲章》（United Nations Charter）凡十九章111條，實施日期自同年10月24日正式生效，這一天就被稱為「聯合國」日；當時，中華民國、美國、英國、法國、蘇聯為五大永久常任理事國，享有否決權

（Veto Power）；唯中華民國已於1971年10月依聯合國2758號決議退出聯合國；目前有193個會員國。

附屬於聯合國的重要國際組織有：世界衛生組織（WHO）、聯合國教科文組織（UNESCO, 總部設在法國巴黎）、國際勞工組織（ILO）、國際貨幣基金（IMF）、世界銀行（World Bank）、國際民航組織（ICAO）、世界氣象組織（WMO）、聯合國大學（UNU，總部在日本）等。

當年中華民國參與起草簽署《聯合國憲章》的代表團團長為宋子文，後由顧維鈞代理，團員還有魏道明（駐美大使）、王寵惠（國際法學家、外交家）、胡適（之）、張君勱（民社黨主席）、李璜（青年黨主席）、吳貽芳（金陵女子教會大學校長）、胡霖、董必武等。

享譽國際的中國著名建築家梁思誠（梁啓超公子，夫人為林徽因）參與聯合國大廈的設計，至1950年興建完工正式落成啓用，它濱臨東河（East River），而紐約成為聯合國的永久會所，每年9月底召開聯合國大會。

歷任聯合國秘書長為賴伊（Trygve Lie, 1946-53）、哈馬紹（A. C. Hammarskjold, 1953-61）、宇譚（U Thant, 1961-71）、華德翰（Kurt Waldheim, 1972-82）、斐瑞茲（Javier Perez, 1982-92）、蓋里（Boutros Ghali, 1992-97）、安南（K. A. Annan, 1997-2007）、潘基文（Ban Ki-moon, 2007-2017）；現任秘書長為Antonio Guterres（2017-）。

六、阿拉伯國家聯盟（League of Arab States）

1945年3月埃及、沙烏地阿拉伯、伊拉克、約旦、敘利亞、黎巴嫩、葉門等國成立此聯盟，總部設於開羅。

七、世界銀行（World Bank）

1945年12月於美國召開國際復興開發銀行（IBRD）之會議後成立，美、法、英、德、日為最大股東，總部設於華盛頓特區。

八、美洲國家組織（Organization of American States, OAS）

1948年4月30日簽署成立，目前包括全美洲35個正式會員國。

九、世界衛生組織（WHO）

1948年4月7日成立，總部位於瑞士日內瓦，現有193個正式會員國，及副會員（Associate Member），觀察員（Observer）等。

十、北大西洋公約組織（NATO）

1949年4月美、加與10個濱臨北大西洋國家於美國首都華盛頓簽署，同年8月正式成立。[7]

十一、華沙公約（Warsaw Pact）

　　1955年5月以蘇聯為首東歐共產國家波蘭、東德、阿爾巴尼亞、捷克、匈牙利、羅馬尼亞、保加利亞等在波蘭首都華沙簽署成立；但在1989年的東歐民主運動與1991年蘇聯解體，華沙公約解散。[8]

十二、不結盟運動（Nonalignment Movement）

　　1954年由印度總理尼赫魯、南斯拉夫總統狄托、埃及總統納瑟等所發起，1955年在印尼萬隆（Bandung）召開亞非會議（第三世界），既不加入英美第一世界的NATO，也不參加蘇聯為首之第二世界Warsaw Pack的「不結盟運動」第三世界勢力組織。[9]

十三、石油輸出國家組織（OPEC）

　　1960年9月石油輸出國家伊拉克、伊朗、沙烏地阿拉伯、科威特、委內瑞拉等五個創始國於伊拉克首都巴格達成立；之後又有印尼、利比亞；阿拉伯聯合大公國、阿爾及利亞、奈及利亞等加入為會員國。

十四、國際特赦組織（Amnesty International）

　　1961年成立於倫敦，宗旨在謀求釋放各國之「良知良心犯」、「政治犯」等；1977年榮獲「諾貝爾和平獎」，在國際上大多數國家都設有分會，每年發布「世界各國人權狀況報告」。

十五、七七集團（Group of 77, G77）

1964年6月，由77個正在發展中國家簽署組成，為當時聯合國中，最大的政府之間國際組織，至今已有130多個會員國家。

十六、東南亞國協（ASEAN）

1967年8月，泰、新、馬、菲、印尼等五國在曼谷簽署宣告成立[10]，之後有汶萊、越南、緬甸、寮國、柬埔寨等國加入。

十七、亞洲開發銀行（ADB）

1966年12月，在菲律賓召開成立的財經金融國際組織，當時有31個創始國，總部設在馬尼拉。

十八、國際綠色和平組織（Greenpeace International）

1971年成立，為抗議國際核子試爆鼓吹環保，總部在荷蘭阿姆斯特丹。

十九、G7/G8（七/八大工業國高峰會）

1975～76年由法、美、英、德、義、日、加等七個國際工業最先進國家宣告成立之高峰會議組織；1991年蘇聯共產黨解體後，漸參與部分會議，至1997年正式成為會員國，而變成為G8。

二十、南亞區域合作聯盟（South Asian Association for Regional Cooperation）

1985年12月印度、斯里蘭卡、不丹、尼泊爾、孟加拉、巴基斯坦、馬爾地夫等七國領袖，宣告正式成立此區域性國際組織；之後有中、日、韓、美、歐盟、澳、緬甸等，加入爲觀察員國家。

二十一、亞太經合會議（APEC）

1989年11月，亞太區域的12國代表在澳大利亞首都坎培拉宣告正式成立此區域性經濟合作組織；至今有環太平洋周邊的20多個國家及地區經濟體參與；我國在1991年以Chinese Taipei名義參與。

二十二、世界自由民主聯盟（World League for Freedom and Democracy）

「世盟」由「亞盟」發展形成，1990年更名爲「世界自由民主聯盟」。

二十三、獨立國協（Commonwealth of Independent States, CIS）

1991年蘇聯共產解體，以俄羅斯爲首，及白俄羅斯、烏克蘭、亞拜塞然、亞美尼亞、吉爾吉斯、哈薩克、烏茲別克、土庫曼等國組成的區域性國際組織。[11]

二十四、歐盟（European Union, EU）

歐盟之最前身為1951年的「歐洲煤鋼共同體」，1965年改稱「歐洲經濟共同體」（EEC），1992年簽訂「馬斯垂克條約」，1993年「申根條約」通過，EEC更名為EU，2002年啓用「歐元」（Euro），後又邀請東歐國家加入之「東擴」政策，為一經濟與政治統合體之國際特殊組織。

二十五、北美自由貿易區（North American Free Trade Area）

1994年1月1日美、加、墨西哥三國成立之經貿協定，經由透明之最惠國待遇，減少貿易障礙，提振該地區之經貿。2018年9月底改名「美墨加協定」（United States-Mexico-Canada Agreement, USMCA）。

二十六、世界貿易組織（WTO）

由1948年以來之「關貿協定」（GATT）轉化而來，1995年1月1日正式生效，成立為世界貿易組織，我國以「台澎金馬特別關稅」於2002年1月1日正式加入，此國際經貿組織總部設於瑞士日內瓦。

二十七、上海合作組織（Shanghai Cooperation）

1996年4月中、俄、哈薩克、塔吉克、吉爾吉斯等五國元首宣告「上海五國」機制；2001年，烏茲別克加入，正式宣告

成立「上海合作組織」。之後，蒙古、巴基斯坦、伊朗、印度加入為觀察員國家。

二十八、非洲聯盟（Africa Union, AU）

其前身為1963年的「非洲團結組織」（OAU），2001年3月正式成立更名為「非洲聯盟」，為全非洲54國的區域組織。今年（2018）9月6日在中國北京召開「中非論壇北京峰會」，習進平主席與53個（史瓦帝尼未參與）出席高峰會議的非洲領導人會面。[12]

二十九、博鰲亞洲論壇（Bogo Asia Forum）

2001年2月在中國海南省博鰲成立的亞洲經貿合作交流的區域組織。

三十、金磚四國（BRICs）

2003年有知名銀行公司公布巴西（Brazil）、俄羅斯（Russia）、印度（India）、中國（China）的經濟發展，至2050年會超過「八大工業國」G8，稱之「金磚四國」；2006年正式成立此經濟組織；之後南非（South Africa）加入，納為金磚五國（BRICS）。

三十一、南美洲國家聯盟（Union of South American Nations）

2007年4月，第一屆南美國家共同體高峰會召開，正式成立此區域性國際組織。

三十二、亞洲基礎設施投資銀行（亞投行）

2015年由中國發起之銀行金融的國際組織，創始會員國有57國。

第三節　我國目前在國際上有邦交國家

1949年因國共內戰結果，臺灣海峽兩岸分治；1949年10月1日，中華人民共和國（PRC）成立於北京；國民政府播遷來台。

從1949年至1970年，兩岸在國際上的外交邦交國，我國一直多於對岸；1971年10月，我國退出聯合國與1975年4月，蔣中正（介石）總統逝世及1979-1980年的中美中止邦交後，形成極為強烈明顯的變化消長。

從1949-2018年和我國有邦交與國對照和中共（中華人民共和國）有邦交與國之變化消長如下：

年份	邦交國對照		備註
1949年	我國47　VS.	中共9	
1950年	我國39　VS.	中共18	
1951年	我國39　VS.	中共19	
1952年	我國40　VS.	中共19	
1953年	我國40　VS.	中共19	
1954年	我國40　VS.	中共22	
1955年	我國42　VS.	中共25	
1956年	我國43　VS.	中共28	
1957年	我國46　VS.	中共29	
1958年	我國45　VS.	中共34	
1959年	我國46　VS.	中共35	
1960年	我國53　VS.	中共39	
1961年	我國55　VS.	中共39	
1962年	我國59　VS.	中共41	
1963年	我國63　VS.	中共43	
1964年	我國59　VS.	中共50	
1965年	我國57　VS.	中共50	
1966年	我國62　VS.	中共47	
1967年	我國64　VS.	中共46	
1968年	我國67　VS.	中共47	
1969年	我國67　VS.	中共47	
1970年	我國67　VS.	中共50	
1971年	我國54　VS.	中國67	（我國退出聯合國，中國進入聯合國）

年份	邦交國對照	備註
1972年	我國41　VS.　中國86	
1973年	我國37　VS.　中國88	
1974年	我國31　VS.　中國96	
1975年	我國27　VS.　中國105	
1976年	我國26　VS.　中國110	
1977年	我國23　VS.　中國113	
1978年	我國22　VS.　中國115	
1979年	我國22　VS.　中國119	
1980年	我國22　VS.　中國123	（中華民國與美國正式中止邦交，美國與中華人民共和國建立外交關係）
1981年	我國23　VS.　中國123	
1982年	我國23　VS.　中國124	
1983年	我國24　VS.　中國128	
1984年	我國25　VS.　中國129	
1985年	我國23　VS.　中國131	
1986年	我國23　VS.　中國132	
1987年	我國23　VS.　中國132	
1988年	我國22　VS.　中國134	
1989年	我國24　VS.　中國136	
1990年	我國27　VS.　中國134	
1991年	我國29　VS.　中國133	
1992年	我國29　VS.　中國152	（「獨立國協」新15國成立）
1993年	我國29　VS.　中國156	

年份	邦交國對照	備註
1994年	我國29　VS.　中國158	
1995年	我國30　VS.　中國157	
1996年	我國30　VS.　中國160[13]	
2000年4月	我國29　VS.　中國162	
2008年4月	我國23　VS.　中國170	
2018年9月	我國17　VS.　中國178	

　　當今與我國有邦交的17個國家是：歐洲1國（梵蒂岡教廷國）；非洲1國（史瓦帝尼）；南太平洋6國（吉里吉斯、馬紹爾群島、諾魯、帛琉、索羅門群島、吐瓦魯）；拉丁美洲及加勒比海地區9國（貝里斯、瓜地馬拉、海地、宏都拉斯、尼加拉瓜、巴拉圭、聖克里斯多福、聖露西亞、聖文森）。[14]

註解

1. 請參閱彭懷恩，《國際關係與現勢Q & A》，頁3；K. J. Holsti原著，International Politics: A Framework for Analysis，李偉成、譚溯澄譯，《國際政治分析架構》，頁15。

2. 林碧炤，《國際政治與外交政策》，頁20-22，〈不同的名稱及其含意〉；彭懷恩，同註1前引書，頁1-2與頁23。

3. https://www.wikiwand.com/en/Fourteen_Points

4. 楊永明，《國際關係》，頁72-74。

5. Han J. Morgenthau, Politics among Nations, 張自學譯，《國際政治學》，頁37-38；林碧炤，〈國際關係的典範發展〉，政大外交系，《國際關係學報》，29期，2010年1月，頁16-35；彭懷恩，《國際關係與現勢Q & A》，頁29-33。

6. 林碧炤，《國際政治與外交策略》，頁1-3。

7. 參閱俞寬賜，〈北大西洋公約組織及其危機〉，（台大）《社會科學論叢》，18輯，57年7月。

8. 請參閱尹慶耀，《東歐集團研究》，十二章〈華沙條約組織解散〉；許智偉主編，鈕先鍾翻譯，《華沙公約組織》。

9. 林碧炤，《國際政治與外交政策》，頁160。

10. 歐陽瑞雄，《東南亞國家協會之研究》，頁11；張耀秋，《東協五國政情總論》，頁1。

11. 尹慶耀，《獨立國協研究》，頁11-12。

12. 聯合報，107年9月7日聯合A10兩岸版。

13. 外交部條約法律司製表，86年（1997）6月27日。

14. 聯合報，《外交焦點》，107年8月22日A3版；中國時報，《外交專版》，107年8月22日A2、A3版。

參考書目

專書論文

王業立，《比較選舉制度》，五南，2006年4版。

王業立主編，《政治學》，晶典，2010年9月。

王業立等譯，《政治學中爭辯的議題》，韋伯，1999年。

王業立、黃秀端、林繼文，《解構國會－改造國會》，允晨，92年2月。

王業立審訂，賴映潔等著，《圖解政治學》，城邦，2013年8月。

王逸舟譯，Alan Isaak著，《政治學概論》，五南，1995年4月。

王曾才，《西洋現代史》，東華，1993年4月7版。

王曾才，《加拿大通史》（第二篇第二章政治制度），五南，2001年1月。

（王）雲五社會科學大辭典，《國際關係》，1979年12月2版。

（王）雲五社會科學大辭典，《政治學》，1989年1月8版。

王保鍵，《圖解政治學》，書泉，2010年10月3版。

尹慶耀，《蘇維埃帝國的消亡》，五南，1994年5月。

尹慶耀，《東歐集團研究》，幼獅，1994年6月。

尹慶耀，《獨立國協研究》，幼獅，1995年10月。

冉伯恭，《政治學概論》，五南，2000年4月。

包宗和主編，《國際關係辭典》，五南，2012年4月2版。

立法院編印，《第二屆立法委員名鑑》（附錄表一，第一屆立法委員當選名單），1994年5月。

司法院編纂，立法院法治局增補，《司法院大法官解釋彙編》，2004年7月。

任德厚，《比較憲法與政府》，三民，2002年8月。

任德厚，《政治學》，自印發行，2005年9月增訂7版。

朱志宏，《立法論》，〈第五章第一節，一院制、兩院制〉，三民，1995年3月。

朱堅章，《政治學的範圍與方法》，幼獅，1993年1月。

吳玉山、林繼文、冷則剛，《政治學的回顧與前瞻》，（第十三章黃秀端，〈台灣國會研究的回顧與展望〉；第十四章王業立、蘇子喬，〈台灣選舉制度研究的回顧與前瞻〉），五南，2013年11月。

何思因，吳玉山，《邁入廿一世紀的政治學》，中國政治學會，2000年12月。

呂亞力，《政治學》，五南，2012年10月初版23刷。

吳重禮，《政黨與選舉》，三民，2008年3月。

吳文程，《政黨與選舉概論》，五南，1996年1月。

何欣譯，馬基維利（Machiavelli）著，《君王論》，國立編譯館，1973年11月。

李念祖編著，《從動員戡亂到民主憲政》，民主文教基金會，1991年11月。

李念祖，《憲法變遷的跨越》，三民，2012年10月。

李念祖，《動員戡亂時期臨時條款在我國憲法上之地位》，台大法研所碩士論文，1980年6月。

李其泰譯，K. W. Deutsch著，《國際關係的解析》，幼獅，1979年11月4版。

李偉成、譚溯澄譯，K. J. Holsti著，《國際政治分析架構》，幼獅，1988年5月。

李功勤，《國際關係與國際現勢》，美鐘，1993年10月。

李劍農，《政治學概論》，商務，1985年7月再版。

芮正皋，《法國憲法與雙首長制》，白雲，1992年2月增訂版。

林碧炤，《國際政治與外交政策》，五南，2006年8月二版6刷。

林碧炤，《面向新世界：國際關係的復古與創新》，第五章〈國際關係與國際組織〉，東美，2015年9月。

林碧炤，《迎接新世紀：文明社會的世界觀與國際觀》，（上、

下），東美，2018年5月。

林紀東，《比較憲法》，五南，1980年2月。

林紀東，《中華民國憲法逐條釋義（全四冊）》，三民，1990年11月修訂版。

林金莖、陳水亮，《日本國憲法論》，中日關係研究會，1993年4月。

林騰鷂，《中華民國憲法》，三民，1995年9月。

林宗達，《國際關係理論：現實主義與自由主義的相關理論》，晶典，2016年1月2版。

林嘉誠，《政治系統的工程師伊士頓》，允晨，1982年11月。

林嘉誠、朱浤源，《政治學辭典》，五南，1994年9月。

林正順、陳龍騰，《當代國際關係》，復文，2009年9月。

周育仁，《認識政治》，台灣書店，2001年11月。

周育仁，《政治學新論》，翰蘆，2002年9月。

周繼祥，《政治學》，2005年10月，威仕曼文化。

周陽山，《憲政與民主》，台灣書店，1997年5月。

胡佛，《政治參與與選舉行為》，三民，1998年1月。

苗永序，《各國政府制度及其類型》，自印出版，2006年6月。

政大，《政大外交學系創設八十週年紀念文集》，2010年。

施正鋒主編，《當代芬蘭民主政治》，台灣國際研究學會，2010年5月。

孫寒冰、林昌恒譯，迦納（J. W. Garner）著，《政治科學與政府》，商務，1966年5月台1版。

凌渝郎，《政治學》，三民，1994年12月。

翁明賢等，《歐洲區域組織新論》，五南，1994年10月。

翁明賢主編，《國際組織新論》，五南，1995年10月。

翁明賢總主編，《國際關係》，五南，2006年8月。

高永光等，《政治學與現代社會》，威仕曼，2009年6月。

高朗，中華民國外交關係之演變（1950～1972），五南，1993年4月。

高朗，中華民國外交關係之演變（1972～1992），五南，1994年4月。

高德源譯，Arend Lijphart著，《三十六個現代民主國家的政府類型與表現》，桂冠，2004年1月。

郭秋慶，《德國選舉制度與政黨政治》，志一，1996年4月。

郭秋慶，《歐洲聯盟概論》，五南，1999年9月。

鄒文海，《政治學》，三民，1993年8月23版。

張君勱，《中華民國憲法十講》，商務，2014年7月版。

張德光，《政治學》，學生書局，1973年12月。

張金鑑，《政治學概論》，三民，2001年4月。

張潤書，《革命民主政黨的理論與實踐》，正中，1976年10月。

張台麟，《法國政府與政治》，五南，1995年6月。

張世賢，《各國憲法條文彙編》，中華民國公共行政學會，1995年8月。

張世熒，《中華民國憲法與憲政》，五南，1998年9月。

張耀秋，《東協五國政情總論》，幼獅，1982年10月再版。

張慧芝譯，Arend Lijphart著，《選舉制度與政黨體系》，桂冠，2003年10月。

張亞中、林宗達主編，《國際關係與現勢》，晶典，2004年7月。

張自學譯，H. J. Morgenthau著，《國際政治學》，幼獅，1976年9月。

陳水逢，《中華民國憲法論》，中央文物供應社，1982年10月改訂版。

陳水逢，《現代政治過程論》，中日文教基金會，1990年8月。

陳志華，《中華民國憲法概要》，三民，2012年3月5版。

陳鴻瑜，《東南亞各國政府與政治》，翰蘆，2006年1月。

陳固亭譯，美濃部達吉著，《日本新憲法釋義》，正中，1951年。

陳坤森譯，Arend Lijphart著，《當代民主類型與政治：二十一個國家多數類型與共識模型政府》，桂冠，1995年10月再版。

陳義彥主編，《政治學》，（第一章，〈政治與政治學〉；第七章，

　　　隋杜卿，〈憲法與人權〉；第八章，楊日青，〈憲政體制的類型〉；第十五章，游清鑫，〈選舉、選舉制度與投票行為〉），五南，2010年7月四版。

陳麗娟，《歐洲聯盟法精義》，新學林，2006年2月。

陳新民，《中華民國憲法釋論》，作者發行，2001年1月修訂4版。

陳新民，《憲法導論》，新學林，2005年10月5版。

陳新民，《憲法學釋論》，作者發行，2011年9月修訂7版。

陳慈陽，《憲法學》，元照，2005年11月2版。

梁世武等，《21世紀台灣投票紀錄》，商務，2007年10月。

國民大會憲政研討會，《各國政黨政治》，正中，1981年4月。

國民大會秘書處，《世界各國憲法大全》（凡三冊），1996年5月。

許智偉主編，鈕先鍾翻譯，《華沙公約組織》，黎明，1982年11月。

許濤主編，《上海合作組織》，（北京）時事出版社，2002年2月。

華力進，《政治學》，五南，1997年6月4版。

彭歌譯，Robert B. Downs著，《改變美國的書》，純文學，1973年11月。

彭歌譯，Robert B. Downs著，《改變歷史的書》，純文學，1981年7月，42版。

逯扶東，《西洋政治思想史》，自印發行，1991年11月修訂7版。

傅崑成，《美國憲法逐條釋義》，三民，1991年8月。

陸潤康，《美國聯邦憲法論》，凱侖，1986年9月。

黃秀端審閱，林承正等譯，Michael G. Roskin著，《政治學》（Political Science），雙葉，2011年7月。

黃秀端、陳中寧、許孝慈，《認識立法院》，五南，2017年3月。

黃炎東，《政黨政治與選舉》，五南，1990年6月。

黃炎東，《選舉制度之研究》，五南，1993年6月。

黃炎東，《新世紀憲法釋論》，五南，2002年3月。

黃炎東，《中華民國憲法新論》，五南，2006年1月。

黃炎東，《憲政論》，商務，2014年2月。

黃偉峰主編，《歐洲聯盟的組織與運作》，五南，2003年4月。

彭懷恩，《政治學Q & A》，風雲論壇出版社，1993年6月。

彭懷恩，《國際關係與現勢Q & A》，風雲，1999年5月。

彭懷恩，《政治學概論》，風雲，2001年9月。

彭懷恩，《政治學新論》，風雲，2004年9月。

彭懷恩，《當代政治學概論》，風雲，2006年1月。

彭懷恩，《比較政治新論》，風雲，2011年5月。

彭懷恩，《政治學》，空大，2012年8月。

彭懷恩，《政治學講義》，風雲，2014年4月。

彭錦鵬，《政治安定的設計家韓廷頓》，允晨，71年11月。

彭錦鵬主編，《美國政黨與利益團體》，中研院歐美所，1994年。

程全生，《憲法釋論》，幼獅，1971年5月。

楊永明，《國際關係》，前程文化事業，2010年6月。

楊日旭譯，Charles A. Beard著，《共和國》（The Republic），正中，
　　1981年8月。

雷飛龍譯，Giovanni Sartori著，《政黨與政黨制度》，韋伯，2000年5
　　月。

雷飛龍，《漢唐宋明朋黨的形成原因》，韋伯，2003年11月。

雷飛龍，《英國政府與政治》，商務，2010年3月。

葛永光，《政黨政治與民主發展》，空大，2000年8月。

葛永光，《政黨與選舉》，空大，2011年6月。

董翔飛，《中國憲政與政府》，自印，1992年9月24版。

葉明德，《政治學》，五南，2006年11月。

葉陽明，《德國政治新論》，五南，2011年3月。

葉祖灝，《中國政治思想精義》，中央文物供應社，1984年9月。

詹同章，《政治學新義》，自印發行，1972年6月。

趙永茂，《台灣地方政治的變遷與特質》，翰蘆，1997年2月。

趙永茂等著，《中華民國發展史（政治與法制）》，政大出版，2011年10月。

趙永茂、袁頌西，〈薩孟武先生對政治學的研究與貢獻〉，收錄於黃兆強主編，《二十世紀人文大師的風範與思想》，學生書局，2007年1月。

劉軍寧譯，Samuel P. Huntington著，《第三波》（The Third Wave），五南，2002年3月初版5刷。

劉慶瑞，《中華民國憲法要義》，1996年2月修訂版，劉憶如修訂發行。

鄭端耀主編，《印度》，（第二章，詹子賢，〈印度憲法與憲政〉），財團法人兩岸交流遠景基金會，2008年12月。

管歐，《憲法新論》，五南，1995年3月增訂29版。

歐陽瑞雄，《東南亞國家協會之研究》，黎明，1981年7月。

談子民，《政黨論》，正中，1968年8月。

蔣君章，《政治地理學原理》，三民，1983年1月。

衛民，《中華民國的雙邊外交》，財團法人張榮發基金會，1991年8月。

盧瑞鍾，《韓非子政治思想新探》，自行出版，1989年4月。

盧瑞鍾，《內閣制優越論》，自印發行，1995年6月。

謝復生，《政黨比例代表制》，理論與政策雜誌社，1992年9月。

謝復生、盛杏湲，《政治學的範圍與方法》，五南，2000年4月。

謝瑞智，《憲法大辭典》，自印發行，1991年9月。

謝瑞智，《比較憲法》，自印發行，1992年3月。

謝瑞智，《憲法新論》，自行發行，1999年1月。

謝瑞智，《憲法概要》，自行發行，2001年3月。

謝瑞智，《世界憲法事典》，正中，2001年6月。

謝瑞智，《憲政體制與民主政治》，自印發行，2004年4月。

謝瑞智，《民主與法治》，三民，2010年9月。

蕭公權，《中國政治思想史（上、下）》，聯經，1992年10月。

薩孟武，《政治學》，三民，1988年1月增訂3版。

薩孟武，《中國政治思想史》，三民，1989年1月。

關中，《日本政黨與政治模式》，民主文教基金會，1992年2月。

羅成典，《立法院風雲錄》，獨立作家出版社，2014年9月。

羅浩，《國際政治與國際關係Q&A》，1999年4月。

羅浩，《國際關係與國際組織Q&A》，2002年10月。

羅傳賢，《立法程序與技術》（第二十一章，〈立法院職權之行使〉），五南，2002年7月3版。

羅傳賢，《國會與立法技術》，五南，2004年11月。

蘇子喬，《中華民國憲法－憲政體制的原理與實際》，三民，2013年11月。

Dahl. Robert A., Modern Political Analysis. New Jersey: Prentice-Hall, 1965.

Duverger. Maurice, Political parties: Their Organization and Activity in the Modern State. Translated by Barbara and Robert North. New York: John Wiley & Sons, Inc., 1967.

Dye. Thomas R., Understanding public policy. new Jersey: Upper Saddle River, 2008.

Easton. David, A Systems Analysis of Political life, New York: John Wiley & Sons, Inc., 1965.

Easton. David, The Political System: A Framework for Political Analysis. New York: Prentice-Hall, 1985.

Ebenstein. William, Todays' Isms. New York: Prentice-Hall, 1967.

Goodman. William, The Two-Party System in the United States, New Jersey: Van Nostrand Company, Princeton, 1964.

Heywood. Andrew, Politics, New York: Palgrave Macmillan, 2013.

Huntington. Samuel P., Political Order in Changing Societies, New York:

Yale University Press, 1968.

Isaak. Alan. C., Scope and Methods of Political Science. The Dorsey Press, Homewood, 1985.

Lasswell. Harold D., Politics: Who Gets What, When, How. New York: McGraw-Hill Book Co. 1950.

Lijphart. Arend, Democracies: Patterns of Majoritarian and Consensus Government in Twenty-One Countries. New Haven: Yale University Press, 1984.

Lijphart. Arend, Electoral Systems and Party System: A Study of Twenty-Seven Democracies, 1945-1990, Oxford University Press, 1994.

Lijphart. Arend, Patterns of Democracy: Government Forms and Performance in Thirty-Six Countries. New Haven: Yale University Press, 2012.

Morgenthau. H. J., Politics among Nations. New York: McGraw-Hill, 1992.

Norris. Pippa., Electoral Engineering: Voting Rules and Political Behavior, Cambridge University Press. 2004.

Ranney. Austin., Governing: An Introduction to Political Science, New York: Prentice-Hall. Inc., 2001.

Riker. Willam H., The Two Party System and Duverger's Law, The American Political Science Review, Vol. 76, NO. 4, Dec. 1982.

Sabine. George H., A History of Political Theory. New York: Holt, 1937.

Sartori. Giovanni, Parties and Party System, Cambridge: Cambridge University Press, 1984.

Schattschneider. E. E., Party Government. New Jersey: New Brunswick, 2004.

期刊報紙網址

王業立，〈美國選舉團制度面面觀〉，《中國論壇》，30卷8期（356期），1990年7月。

王業立，〈美國總統選舉制度的探討─直接選舉或間接選舉〉，《美國月刊》，7卷6期，1992年6月。

王業立，〈選舉、民主化與地方派系〉，《選舉研究》，5卷1期，1998年5月。

外交部條約法律司製表，〈1949-1996與我國及與中共有邦交國家數目對照表〉，1997年6月27日。

林碧炤，〈聯合國的成立、功能及對於世界秩序的貢獻〉，收錄於台灣新世紀文教基金會，《聯合國：體制、功能與發展》，2008年12月。

林碧炤，〈國際關係的典範發展〉，政大外交系，《國際關係學報》，29期，2010年1月。

周陽山，〈總統制、議會制、半總統制與政治穩定〉，《問題與研究》，35卷8期，1996年8月。

俞寬賜，〈北大西洋公約組織及其危機〉，（台大）《社會科學論叢》，18輯，1968年7月。

馬起華，〈中國政治學史檢論〉，中國政治學會，《政治學報》，4期，1975年9月。

高朗，〈內閣制與總統制之比較分析〉，中國政治學會，《政治學報》，21期，1993年12月。

傅恒德，〈絕對多數制有代表性正當性〉，聯合報，1997年7月15日，11版。

彭錦鵬，〈總統制是可取的制度嗎？〉，《政治科學論叢》，14期，2001年6月。

彭錦鵬，〈總統制是可取的制度嗎？〉，收錄於新台灣人文教基金

會，明居正、高朗主編，《憲政體制新走向》，2001年8月。

黃德福，〈政黨競爭與政治民主化：台灣地區政黨體系的新挑戰〉，《選舉研究》，1卷2期，83年11月。

黃秀端，〈政黨與現代民主政治〉，《中山社會科學》季刊，4卷3期，1989年9月。

楊俊斌，〈海洋強國航母數量〉，中國時報，A16軍事新聞，2018年8月12日。

魏鏞，〈中國政治學會之成立及其初期學術活動〉，中國政治學會，《政治學報》，20期，1992年12月。

http://unesdoc.unesco.org/images/0015/001575/157593eb.pdf

https://en.m.wikipedia.org/wiki/American Political Science Association

http://www.capstaipei.org.tw/about us/chairmen

https://www.tpsahome.org.tw/index.phpc=page&item=81

http://www.worldometers.info/geography/how-many-countries-are-there-in-the-world/

http://www.worldometers.info/world-population/population-by-country/

http://www.wikinland.com/世界前十大國家面積。

https://zh.wikipedia.org/wiki/各地投票年齡列表。

https://www.wikiwand.com/en/Fourteen_Points

國家圖書館出版品預行編目資料

政治學簡論／廖忠俊編著. --- 初版. --

臺北市：五南，2018.11

　　面；　公分

ISBN 978-986-763-171-8（平裝）

1.政治學

570　　　　　　　　　　107020073

1PAX

政治學簡論

編 著 者 ─ 廖忠俊（334.11）

審　　 訂 ─ 王業立

發 行 人 ─ 楊榮川

總 經 理 ─ 楊士清

執行主編 ─ 劉靜芬

封面設計 ─ 姚孝慈

出 版 者 ─ 五南圖書出版股份有限公司

地　　 址：106台北市大安區和平東路二段339號4樓

電　　 話：(02)2705-5066　　傳　真：(02)2706-6100

網　　 址：http://www.wunan.com.tw

電子郵件：wunan@wunan.com.tw

劃撥帳號：01068953

戶　　 名：五南圖書出版股份有限公司

法律顧問　林勝安律師事務所　林勝安律師

出版日期　2018年11月初版一刷

定　　 價　新臺幣250元

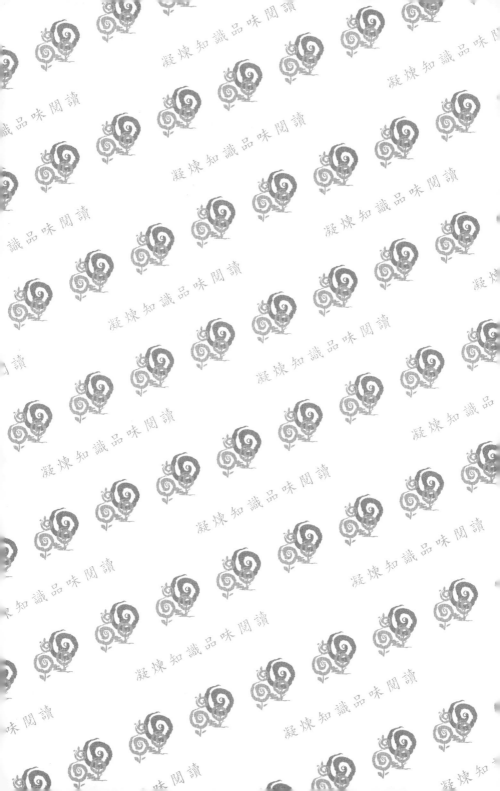